EL PODER DE LA
BENDICIÓN
PROFÉTICA

EL PODER DE LA BENDICIÓN PROFÉTICA

JOHN HAGEE
AUTOR DE ÉXITOS DE VENTA DEL *NEW YORK TIMES*

CASA
CREACIÓN

La mayoría de los productos de Casa Creación están disponibles a un precio con descuento en cantidades de mayoreo para promociones de ventas, ofertas especiales, levantar fondos y atender necesidades educativas. Para más información, escriba a Casa Creación, 600 Rinehart Road, Lake Mary, Florida, 32746; o llame al teléfono (407) 333-7117 en Estados Unidos.

El poder de la bendición profética por John C. Hagee
Publicado por Casa Creación
Una compañía de Charisma Media
600 Rinehart Road
Lake Mary, Florida 32746
www.casacreacion.com

A menos que se indique lo contrario, el texto bíblico ha sido tomado de la versión Reina-Valera © 1960 Sociedades Bíblicas en América Latina; © renovado 1988 Sociedades Bíblicas Unidas. Utilizado con permiso.

Traducido por: Signature Translations, Inc.
Diseño de portada: Justin Evans
Director de diseño: Bill Johnson

Originally published in the U.S.A. under the title: *The Power of the Prophetic Blessing*
Published by Worthy Publishing, a division of Worthy Media, Inc., 134 Franklin Road, Suite
200, Brentwood, Tennessee 37027.

Library of Congress Control Number: 2013931073
ISBN: 978-1-62136-170-1

Impreso en los Estados Unidos de América
13 14 15 16 17 * 7 6 5 4 3 2 1

AMOROSAMENTE DEDICADO

a

los nietos más maravillosos del planeta tierra:

Mckenzie Rene, Kassidee Nicole, Micah Elizabeth,
Hannah Rose, Victoria Grace, Olivia Jordan,
Elliana Rae, Caroline Elizabeth, John William,
William Christopher, Joel Charles y Wyatt Scott.

Jehová los bendiga, y los guarde; Jehová haga resplandecer
su rostro sobre ustedes, y tenga de ustedes misericordia;
Jehová alce sobre ustedes su rostro, y ponga en ustedes paz.

Muchas bendiciones y que el favor del Señor
repose sobre sus corazones, almas, mentes
y cuerpos todos los días de sus vidas.

Con amor,
Papa

Contenidos

SECCIÓN 1:

DEFINICIONES DE BENDICIÓN PROFÉTICA Y BENDICIÓN SACERDOTAL

Capítulo uno

EL PODER DE LA BENDICIÓN PROFÉTICA

Sírvante pueblos,
Y naciones se inclinen a ti;
Sé señor de tus hermanos,
Y se inclinen ante ti los hijos de tu madre.
Malditos los que te maldijeren,
Y benditos los que te bendijeren.

—Génesis 27:29

ᵛ
ᵛ

¡La humanidad siempre ha estado en busca del ingrediente misterioso que garantice una buena vida!

Ponce de León buscó la proverbial fuente de la juventud. ¡No la encontró!

Los cruzados en la Edad Media mataron y conquistaron a miles de miles en la absurda búsqueda del Santo Cáliz que garantizara la vida eterna. ¡Nunca lo encontraron!

Los ciudadanos del siglo veintiuno están empleando

dinero y fortuna recorriendo el planeta de extremo a extremo en lujosos jets, opulentos trasatlánticos y toda clase de vehículos motorizados que el hombre conoce tratando de encontrar un místico Shangri-La que los conduzca a la vida buena. ¡No lo han descubierto!

Ese algo sobrenatural no es un lugar místico; no es un artefacto raro que debemos sostener en la mano; no es una sustancia mágica que debemos beber; no es un beso encantado que transforma al sapo feo en príncipe hermoso.

El único ingrediente sobrenatural que produce la vida buena se hizo realidad miles de años antes de que Jesús de Nazaret naciera en el pesebre de Belén. Se hizo realidad antes de que Salomón dedicara el segundo templo y la gloria de Dios inundara aquella casa de adoración hasta el punto en que nadie pudo quedar de pie.

Se hizo realidad antes de que David matara a Goliat y se convirtiera en rey de Israel, dando inicio a la Edad Dorada del pueblo escogido. *Ese algo sobrenatural* lo introdujo el Dios Todopoderoso en el libro de Génesis cuando declaró y liberó el poder de la bendición profética sobre las vidas de Adán y Eva.

La bendición profética es una declaración hablada que alguien con autoridad espiritual pronuncia sobre la vida de un individuo. Las palabras de la bendición tienen el poder de controlar y dirigir la vida de la persona sobre la que se ha declarado la bendición. La bendición profética revolucionará su vida y las vidas de sus hijos y nietos, para llevarla a un nivel superior de realización, al dar lugar a una prosperidad relacional, emocional, física y espiritual.

Las Sagradas Escrituras han demostrado el poder y la permanencia de la bendición profética a lo largo de los siglos. El pueblo judío ha obedecido los principios y recibido los beneficios de la bendición; no obstante, durante más de dos mil años la mayoría de los cristianos han pasado por alto su potencial. ¡Esta bendición sobrenatural y transformadora dicha por una persona con autoridad espiritual tiene el poder de modelar su vida para el presente, el mañana y para siempre!

BREVE HISTORIA BÍBLICA DE LAS BENDICIONES

Cuando Dios creó a Adán y a Eva en el Jardín del Edén, lo primero que hizo por este primer matrimonio de la historia fue bendecirlo. Génesis 1:28 dice lo siguiente:

> *"Y los bendijo Dios, y les dijo: Fructificad y multiplicaos; llenad la tierra, y sojuzgadla, y señoread en los peces del mar, en las aves de los cielos, y en todas las bestias que se mueven sobre la tierra".*

Es importante recordar que el primer milagro que hizo Jesús fue en una boda. Tanto en la creación como en el milagro de transformar el agua en vino, Dios el Padre y Jesús el Hijo declararon bendiciones sobre la unión del matrimonio. Ciertamente el mundo ha olvidado lo sagrado del matrimonio santo entre un hombre y una mujer así como la bendición de tener hijos dentro de esa relación de pacto.

La siguiente bendición que vemos en las Escrituras fue la bendición de Dios sobre Abraham, que se encuentra en Génesis 12:1–3, cuando creo la nación de Israel y lo que se conoció como el pueblo judío:

"Pero Jehová había dicho a Abram: Vete de tu tierra y de tu parentela, y de la casa de tu padre, a la tierra que te mostraré. Y haré de ti una nación grande, y te bendeciré, y engrandeceré tu nombre, y serás bendición. Bendeciré a los que te bendijeren, y a los que te maldijeren maldeciré; y serán benditas en ti todas las familias de la tierra".

Esta bendición, que aseguraba la creación y el establecimiento del estado de Israel, es la piedra angular teológica de la mayor controversia en el Oriente Medio, desde la época de Abraham hasta el siglo veintiuno. Sin embargo, está el hecho de que Dios, el Hacedor de los cielos y la tierra, creó la nación de Israel a través de la Palabra divina hablada y por tanto la bendición no puede rebatirse ni anularse. "Y haré de ti una nación grande, y te bendeciré, y engrandeceré tu nombre" (v. 2).

El desfile de bendiciones continúa cuando Isaac bendijo a Jacob y no a Esaú. Como primogénito, Esaú debía recibir la mayor bendición, pero Jacob y su madre Rebeca engañaron a Isaac para que le diera la bendición a Jacob. Cuando Esaú descubrió que su hermano menor había recibido la bendición del primogénito, se arrodilló delante de su anciano padre y le rogó apasionadamente: "Bendíceme también a mí, padre mío" (Génesis 27:34).

Otros hijos a lo largo de los siglos han repetido las palabras de Esaú al perder uno de los mayores dones terrenales que sus padres pueden darles: su bendición. Este profundo dolor emocional ha creado divisiones en las familias que han durado toda la vida y, en algunos casos, durante siglos.

Las Escrituras afirman que fueron los descendientes de

Esaú, los amalecitas (Génesis 36:12), quienes atacaron a los hijos de Israel cuando cruzaron el mar Rojo en busca de la libertad y de su nuevo hogar en la Tierra Prometida (Éxodo 17:8–16). Amán, el Hitler del Antiguo Testamento que se propuso eliminar a los judíos del Imperio Persa, era descendiente de Esaú (Ester 3:10).

Esaú añoró la bendición de su padre hasta el día de su muerte, transmitiendo la semilla malvada del asesinato y la venganza que dejaría al mundo inundado en sangre, debido a la bendición que su padre le negó.

La bendición continuó en el Nuevo Testamento con un rabí judío, Jesús de Nazaret, cuando se sentó en una roca en el mar de Galilea. Cristo reveló a las multitudes los principios fundamentales de nuestra fe a través de lo que se ha conocido como el Sermón del Monte, que incluye ocho bendiciones proféticas que se conocen como las Bienaventuranzas.

En las Escrituras, el número ocho representa nuevos comienzos. La circuncisión al octavo día es una profecía sobrenatural de la renovación que se produce al entrar en el pacto de Dios con el pueblo de Israel. Cuando Dios cerró la puerta del arca, había ocho personas a bordo; ellos fueron el nuevo comienzo de la humanidad. Las ocho Bendiciones Proféticas de Jesús en las Bienaventuranzas representan un nuevo comienzo en lo que con el tiempo se llamaría cristianismo.

Estas ocho bendiciones proféticas que salieron de la boca del Hijo de Dios, nuestra máxima autoridad espiritual, son para todos los habitantes de la tierra. Tienen el poder de resucitar un matrimonio muerto, brindar gozo sobrenatural, proporcionar paz mental, crear una autoestima saludable y ayudar a establecer los fundamentos inquebrantables para soportar las peores tormentas de la vida.

De vez en cuando, Jesús hacía una pausa en su labor de enseñar a las multitudes para bendecir a los niños. El Evangelio de San Marcos afirma: "Y tomándolos en los brazos, poniendo las manos sobre ellos, los bendecía" (10:16).

¿Qué dijo? Dijo lo que los rabís y los padres de familia judíos han estado diciendo durante miles de años: "Jehová haga resplandecer su rostro sobre ti, y tenga de ti misericordia; Jehová alce sobre ti su rostro, y ponga en ti paz" (Números 6:25–26). Y luego Jesús, así como los padres judíos, en su posición de autoridad espiritual, declaró el futuro que sus ojos espirituales podían ver para los niños. Este es el poder de la bendición profética. Si Jesús dedicó tiempo a bendecir a los niños, ¿por qué no lo haríamos nosotros?

La última escena de Jesús en las Escrituras es en el Monte de la Transfiguración diciendo adiós a sus discípulos. Mientras ascendía al cielo, miró a sus devotos seguidores y los bendijo. El Evangelio de San Lucas afirma: "Y los sacó fuera hasta Betania, y alzando sus manos, los bendijo. Y aconteció que bendiciéndolos, se separó de ellos, y fue llevado arriba al cielo" (24:50–51).

LA HISTORIA DE ISAAC

Revisemos la historia de Isaac y sus dos hijos, Esaú y Jacob, que se encuentra en Génesis 27, para continuar ilustrando este profundo principio de la bendición hablada. Un Isaac confundido y escaso de vista fue engañado para declarar la bendición profética sobre su hijo menor:

Sírvante pueblos,
Y naciones se inclinen a ti;
Sé señor de tus hermanos,
Y se inclinen ante ti los hijos de tu madre.
Malditos los que te maldijeren,
Y benditos los que te bendijeren (v. 29).

Más tarde, después de que todos se habían enterado del engaño de Jacob y de su madre, Esaú imploró la bendición de su padre, pero no pudo ser; Isaac ya había proclamado la bendición sobre Jacob. La bendición dicha no podía ser revocada, transferida ni sobrepasada.

En vez de ella, Isaac pronunció lo que parecía ser más una maldición que una bendición sobre su hijo mayor, Esaú.

Y por tu espada vivirás, y a tu hermano servirás;
Y sucederá cuando te fortalezcas,
Que descargarás su yugo de tu cerviz (v. 40).

Las imparticiones sobrenaturales de este padre sobre sus hijos sucedieron tal y como las había dicho.

Las bendiciones de Isaac sobre Jacob, que incluían la herencia de la tierra, tenían tres componentes. El primero era la promesa de prosperidad: Israel tiene en la actualidad más negocios de alta tecnología y la industria de capital de riesgo per cápita más grande de todos los países del mundo.[1]

El segundo componente era el dominio. Desde que Dios estableció el derecho de propiedad de Israel sobre la tierra del pacto en Génesis 15, los judíos han mantenido una presencia en Israel; y con el renacimiento del estado de Israel en 1948, los hijos de Jacob (Israel) dominaron una vez más sobre los hijos de Esaú. Debido al pacto que Dios, dueño de la tierra como su Creador, hizo con el pueblo judío, este no solo ocupa la tierra...¡es dueño de ella!

El tercer y último componente de la proclamación de Isaac sobre Jacob fue la distinción entre las bendiciones y las maldiciones que Dios ya había establecido primero en Génesis 12; la historia recoge los juicios de Dios sobre las naciones que han maldecido al pueblo de Israel.

¡Ningún poder en la tierra, ninguna elección presidencial ni ninguna resolución de las Naciones Unidas podrá cambiar alguna vez el poder de la bendición profética!

El pueblo judío ha sobresalido a lo largo de la historia en los campos de la medicina, la tecnología, la literatura, la ciencia, el arte y muchos más. ¡No hay otra explicación racional que no sea el hecho de que este éxito es un resultado directo del poder sobrenatural de la bendición profética!

Hay un estimado de 14.3 millones de personas judías dentro de una población mundial de 6.23 mil millones, lo que representa un .0021 por ciento de la población mundial. No obstante desde 1947, dentro de ese minúsculo porcentaje de la población mundial, el pueblo judío ha obtenido el mayor porcentaje (27 por ciento) de los premios Nobel, incluso después del Holocausto que destruyó a un tercio de los judíos.[2]

La respuesta lógica para la realización histórica y la prosperidad del pueblo judío es el poder de la bendición profética que los padres y las madres han declarado sobre sus amados hijos cada Sabbath a lo largo de las generaciones. El pueblo judío no solo *ha liberado* la bendición;

también han *recibido* la bendición y la han llevado en sus vidas, cumpliendo cada palabra que se ha declarado sobre ellos.

Algunos cuestionarán el concepto teológico de que el poder de la bendición hablada es profético. Permitamos que el faro de luz de la Palabra de Dios revele la respuesta.

Isaac bendijo a Jacob y a Esaú y ambas bendiciones se cumplieron exactamente como se habían dicho. Jacob bendijo a sus doce hijos y a sus dos nietos, Manasés y Efraín. Esas bendiciones se hicieron realidad exactamente como se habían declarado. Jesús bendijo a sus doce discípulos, diciendo: "Vosotros sois la sal de la tierra" y "vosotros sois la luz del mundo" (Mateo 5:13-14).

Cuando Jesús pronunció esta bendición profética sobre sus discípulos, estos tenían muchas debilidades en su carácter. Si Jesús hubiera contratado los servicios de una empresa en Jerusalén para hacer una evaluación de los perfiles emocionales de los doce discípulos en el momento en que declaró la bendición sobre sus vidas, habrían llegado a una conclusión más o menos como esta:

Querido Jesús de Nazaret:

Gracias por confiar en nuestra firma para determinar los perfiles sicológicos de los hombres que usted ha seleccionado para dirigir su ministerio. Después de una cuidadosa evaluación, hemos llegado a las siguientes conclusiones:

Simón Pedro muestra tendencias bipolares. Si lo incitan, su conducta puede culminar en ataques de ira que lo pueden conducir a hacer daño a otros. Santiago y Juan son altamente competitivos y egocéntricos y lo más probable es que, de manera hostil, intenten tomar el poder de su organización. Tomás duda de sí mismo, es inseguro y le falta confianza y a Mateo se le ha prohibido la entrada en la Comunidad de Hombres Mercaderes de Jerusalén.

Luego de un examen exhaustivo, hemos determinado que si usted no reconsidera su elección, nuestra visión ministerial para evangelizar al mundo no tendrá éxito.

A pesar de estos defectos, Jesús miró a sus doce seguidores harapientos, imperfectos, la mayoría sin educación y declaró esta bendición: "Vosotros sois la sal de la tierra y la luz del mundo".

Estos hombres recibieron la bendición de Cristo por fe y actuaron según ella. En aquel momento no eran nada, pero se elevaron al nivel de realización al que se refirió Jesús en su bendición profética y salieron y sacudieron al mundo.

Cuando enseñé a mi congregación el poder de la bendición profética, pedí a cada padre y madre que colocara las manos sobre sus hijos y declararan una bendición sobre ellos. Los instruí para que profesaran personalmente los logros futuros que deseaban para cada uno de sus hijos. Sus vidas cambiaron de inmediato. Se podía escuchar el llanto en todo el santuario. Comenzaron a llover los testimonios de hijos e hijas cuyas vidas se habían transformado por el poder de la bendición profética que una autoridad espiritual había declarado sobre ellos. Las notas en las escuelas mejoraron; ¡los problemas de conducta y la baja autoestima se esfumaron! Sus hijos caminaban y hablaban con un grado de confianza que nunca habían mostrado antes.

⌄ PIENSE EN ESTO ⌄

La bendición profética sobrenatural se invoca en alta voz. Una vez que la bendición se ha declarado, no puede revocarse. ¡Cuando el Dios Todopoderoso, el Rey del universo, coloca su bendición sobre usted, no hay nadie sobre la tierra que se la pueda quitar y no hay poder en el universo que pueda eliminarla de su vida!

El poder de la bendición profética ha cambiado el curso de nuestro ministerio y ha impactado positivamente nuestra congregación, nuestra nación y las naciones del mundo con resultados sobrenaturales que han ido más allá de nuestra imaginación y de nuestros más grandes sueños.

Capítulo dos

Nació para recibir bendición

Jehová habló a Moisés, diciendo: "Habla a Aarón y a sus hijos y diles: Así bendeciréis a los hijos de Israel, diciéndoles:

> *Jehová te bendiga, y te guarde;*
> *Jehová haga resplandecer su rostro sobre ti,*
> *y tenga de ti misericordia;*
> *Jehová alce sobre ti su rostro, y ponga en ti paz.*

Y pondrán mi nombre sobre los hijos de Israel, y yo los bendeciré'".

—Números 6:22–27

˅
˅

He estado en el ministerio durante más de cincuenta años y en la actualidad pastoreo una congregación de más de veinte mil miembros activos. Cada día converso con personas que se sienten impotentes, desesperadas y despreciables. Verdaderamente creen que sus vidas tienen poco significado y dirección; en última instancia, están viviendo vidas infelices y sin bendición.

Aconsejo a hombres de negocios desilusionados que miran sus futuros financieros y ven la desolación y el caos económico nacional y global. Escucho a esposas descorazonadas que piensan que su matrimonio ha perdido la pasión y el propósito. Simpatizo con graduados universitarios desalentados que no pueden encontrar empleo a pesar de estar altamente calificados. Intento animar a madres solteras rechazadas que están trabajando duro para criar a sus hijos, con el deseo desesperado de encontrar un esposo piadoso, pero con la sensación de que un poder invisible está llevando sus vidas hacia abajo en una espiral.

Tengo un mensaje de esperanza y de verdad para mi congregación y para todo aquel que lee este libro y que desea vivir una vida plena y exitosa: ¡el Dios Todopoderoso ha declarado que cada uno de sus hijos *ha nacido para recibir bendición*!

Lea en alta voz las profundas promesas transformadoras de Dios para usted en la bendición sacerdotal:

Jehová habló a Moisés, diciendo: "Habla a Aarón y a sus hijos y diles: Así bendeciréis a los hijos de Israel, diciéndoles:

Jehová te bendiga, y te guarde;
Jehová haga resplandecer su rostro sobre ti,

y tenga de ti misericordia;
Jehová alce sobre ti su rostro, y ponga en ti paz.
Y pondrán mi nombre sobre los hijos de Israel, y
yo los bendeciré"' (Números 6:22-27).

¿Ha asimilado las palabras de Dios: "te bendiga y te guarde"? Lea las últimas cuatro palabras de esta bendición: ¿quién es el Nombre que ha prometido bendecirlo?

¡No es Warren Buffet o Donald Trump! No es el comisionado de la lotería informándole que acaba de ganar un premio multimillonario. No es el patrimonio de su tía rica o el último programa de rescate financiero de Washington, DC. ¿Quién es el *Nombre*?

El nombre Rockefeller abrirá puertas en el ámbito financiero, el nombre Einstein abrirá las puertas de la ciencia y el nombre Beethoven abrirá las puertas de los lugares famosos de la música alrededor del mundo, ¡pero es el *Nombre* del Señor el que abre las puertas del cielo y lo bendice con bendiciones que no puede contener!

Esta asombrosa promesa solo puede provenir de un Dios asombroso. Esta bendición le está llegando a *usted* directamente del Creador de los cielos y la tierra. El profeta Isaías lo llamó: "Admirable, Consejero, Dios fuerte, Padre eterno, Príncipe de paz" (Isaías 9:6). Las Sagradas Escrituras lo llaman el gran "YO SOY," el Gran Médico y el "Buen Pastor" de las ovejas (Éxodo 3:14; Lucas 5:31; Juan 10:11).

La poderosa fuente de bendiciones sin límite es Emmanuel, Dios con nosotros y la esperanza de gloria. Es el Dios inmortal e invisible. Él puede restaurar su matrimonio muerto, sanar su cuerpo enfermo y renovar su mente afligida. Ha prometido hacerlo cabeza y no cola. Le dará casas que no construyó, viñas que no plantó y pozos que no cavó. Lo plantará junto a corrientes de agua y ¡todo lo que haga prosperará! Él es el Señor que le da el poder de obtener riquezas.

Quiero que, con independencia de sus circunstancias y de lo desesperado que pueda sentirse en este momento, diga en alta voz: "¡Yo nací para recibir bendición!".

Comience a pensar en usted mismo como alguien que tiene éxito en todo lo que emprende. Lo animo para que elimine toda palabra negativa acerca de sí mismo, de su cónyuge, de sus hijos, de sus circunstancias presentes y de su futuro.

¡Usted tiene el poder para cambiar su vida! Tiene que confrontarse a sí mismo en el espejo y declarar que ya no aceptará más una existencia mediocre para sí mismo o para sus seres queridos.

⚝ PIENSE EN ESTO ⚝

¡No podrá cambiar aquello que no confronte! Usted tiene la habilidad, mediante el poder de la bendición, de revolucionar su vida y confrontar su futuro.

No necesita seguir buscando respuestas para los desafíos de la vida; solo necesita creer que tiene el potencial para llevar una vida bendecida...¡porque *nació para recibir bendición*!

LA DEFINICIÓN DE BENDICIÓN

Cuando vemos a un extraño que estornuda en el elevador, la mayoría de nosotros dice de manera instintiva: "¡Dios lo bendiga!". Hay una bendición irlandesa que dice: "Que estés en el cielo treinta minutos antes de que el diablo sepa que estás muerto". Hay una despedida que proclama una bendición para un viaje seguro a través de la frase *"Vaya con Dios"*. Incluso Booz en el Antiguo Testamento saludó a los segadores con una bendición: "Jehová sea con vosotros" (Rut 2:4).

Hay muchas formas en las que los hombres desean extender su bendición a otros. Esta clase de declaraciones puede que se hagan con el deseo de lograr el favor de Dios sobre algo o alguien; sin embargo, no son ejemplos de la bendición sacerdotal que Dios ordenó, ni tampoco son una impartición de la bendición profética. Comencemos por definir la diferencia entre bendición sacerdotal y bendición profética.

LA BENDICIÓN SACERDOTAL

El libro de Números contiene en sus páginas lo que a menudo se describe como la Oración del Señor del Antiguo Testamento. El Señor ordenó a Moisés que instruyera a Aarón y a sus hijos para que bendijeran a los hijos de Israel colocando su Nombre sobre ellos. Aarón y sus hijos conformaban el sacerdocio de Israel y, por tanto, este pasaje se conoce como la bendición sacerdotal.

Esta profunda proclamación es uno de los regalos de Dios para los suyos, ya que dentro de su texto sagrado define la esencia de la palabra *bendición*. Al leer estas promesas, podemos ver el corazón de Dios y experimentar una pequeña porción del gran amor que nos tiene.

EL CONTENIDO DE LA BENDICIÓN SACERDOTAL

⌄ PIENSE en ESTO ⌄

La bendición sacerdotal pertenece a Dios; sus palabras no pueden alterarse de ninguna manera como lo declara Proverbios 30:6: "No añadas a sus palabras, para que no te reprenda, y seas hallado mentiroso".

La bendición sacerdotal no fue solo para Moisés, Aarón y los miembros de la élite de la tribu de Leví; está dirigida a *cada persona sobre la faz de la tierra*.

El verbo *bendecir* en hebreo se relaciona con el sustantivo *rodilla* y puede significar "adorar postrado de rodillas" (Salmo 95:6) o "presentar algo de valor a otros". Casi todas las bendiciones hebreas comienzan con esta palabra, porque Dios merece toda la alabanza y la adoración del hombre (Salmo 113:2). A través de la bendición sacerdotal, Dios está derramando su favor sobre *su* creación, el hombre mortal. ¡Cuán noble! Esta es la expresión más pura de su gracia y su misericordia.[1] Dios bendice a sus hijos dándonos vida y provisión; nosotros lo bendecimos mediante la alabanza y mediante una vida plena.

> ## ☙ PIENSE EN ESTO ☙
>
> Si usted disfruta algo en este mundo sin declarar
> una bendición, es como si lo robara.—El Talmud

Estudiemos brevemente el significado de las promesas
que Dios hace dentro de la bendición sacerdotal para
lograr comprender mejor su efecto potencialmente profundo en su vida y en las vidas de aquellos que ama.

La bendición sacerdotal se compone de tres promesas
principales y cada promesa tiene dos partes.

1. La primera promesa: "Jehová te bendiga, y te guarde".

En el hebreo, la primera oración tiene tres palabras y en-
cierra la garantía que Dios ofrece de una vida abundante
para el justo. Las bendiciones de Dios sobre sus hijos
son innumerables y personales (Deuteronomio 7:12–16).
Jesús se hizo eco de esa verdad cuando dijo: "Mas buscad
primeramente el reino de Dios y su justicia, y *todas estas
cosas os serán añadidas*" (Mateo 6:33).

La primera parte de la primera promesa, *te bendiga*,
declara la bondad de Dios. Esta promesa invoca el favor
ilimitado de Dios, que incluye las áreas física (Salmo
103:2-3; Isaías 53:5; Mateo 4:23; Lucas 9:11; Hechos 10:38),
emocional (Salmo 55:18; Isaías 26:3, 61:1; Juan 14:27; 2
Timoteo 1:6-8), relacional (Salmos 133; 1 Juan 1:7), y
de abundancia material (Génesis 30:30; Deuteronomio
8:18; 2 Crónicas 1:12; Proverbios 8:21; Eclesiastés 5:19;
Malaquías 3:10; 1 Corintios 3:7). La segunda parte de

la primera promesa, *te guarde*, declara que Dios no solo derramará su favor inmerecido sobre usted; también lo protegerá a usted y a las muchas bendiciones que le ha dado.[2]

⌄ PIENSE EN ESTO ⌄

Dios vela por usted. "Pues a sus ángeles mandará acerca de ti, que te guarden en todos tus caminos" (Salmo 91:11).

El presidente de los Estados Unidos tiene agentes del Servicio Secreto muy bien entrenados que lo protegen a él y a su familia día y noche. Así como el Presidente, usted como creyente no está solo. A usted lo ayuda y lo defiende un poderoso y glorioso orden de seres invisibles. Los "agentes secretos" de Dios velan por usted y por cada miembro de su familia.

Dios promete "guardar y proteger" y nosotros a cambio debemos "guardar su pacto" (Éxodo 19:5-7) amándolo y guardando sus mandamientos (Éxodo 20:6).[3]

2. La segunda promesa: "Jehová haga resplandecer su rostro sobre ti, y tenga de ti misericordia".

La primera parte de la segunda promesa tiene cinco palabras en el idioma hebreo y es una bendición para el crecimiento espiritual.[4]

¿Qué significa que el rostro de alguien resplandezca? El verbo hebreo para *resplandecer* en este texto significa "derramar luz o iluminar", o "convertirse en luz".[5] Los eruditos judíos definen mejor esta frase estudiando el significado opuesto: "esconder el rostro", como se demuestra en Deuteronomio 31:18 cuando Dios habla de las maldiciones que vendrían sobre aquellos que adoraban otros dioses: "Pero ciertamente yo esconderé mi rostro", o en el Salmo 88:14, cuando David clama a Dios y pregunta: "¿Por qué escondes de mí tu rostro?".

Para Dios esconder el rostro significa que está mostrando su ira, castigo y rechazo; en última instancia significa que Dios ha quitado su presencia de usted (1 Samuel 28:15). Por otra parte, que Dios "haga resplandecer su rostro" sobre usted significa morar en la presencia de Dios. ¡Qué pensamiento tan hermoso! En las Escrituras podemos ver ejemplos de lo que es morar en la presencia de Dios (Salmo 68:2; Sofonías 1:7; Lucas 1:19; Romanos 4:17; Hebreos 9:24).

Los creyente moran en la presencia de Dios al permanecer en su Palabra y obedecerla: "Porque el mandamiento es lámpara, y la enseñanza es luz, y camino de vida las represiones que te instruyen" (Proverbios 6:23). Por tanto, nuestras vidas se iluminan con la sabiduría que se encuentra en la Palabra de Dios; es una "lámpara a mis pies y lumbrera a mi camino" (Salmo 119:105).

La segunda parte de esta promesa, "y tenga de ti misericordia", se traduce en el hebreo como "mostrar favor" o "tener gracia hacia alguien". Hay dos verdades muy importantes dentro de esta frase: primero, el hombre no puede demandar la presencia de Dios y, segundo, en su soberanía, Dios escoge a quién mostrará su presencia.[6]

La gracia infinita de Dios se pone de manifiesto en el hecho de que envió a su Hijo para que habitara entre nosotros. A través de Cristo, Dios el Padre se revela a sí mismo: "Porque Dios, que mandó que de las tinieblas resplandeciese la luz, es el que resplandeció en nuestros corazones, para iluminación del conocimiento de la gloria de Dios en la faz de Jesucristo" (2 Corintios 4:6). Además, Jesucristo se refirió a la bendición sacerdotal cuando llamó a sus discípulos la "luz del mundo" (Mateo 5:14).

3. La tercera promesa: "Jehová alce sobre ti su rostro, y ponga en ti paz".

La primera parte de esta porción de la bendición tiene siete palabras en hebreo y se refiere a la aprobación de Dios. Cuando alguien pide una cosa, alza el rostro hacia aquel a quien está pidiendo; pero en este caso, es el Señor el que "alzará su rostro" sobre su pueblo. En el idioma hebreo, esta expresión se define simplemente como "Dios sonreirá sobre ti".[7]

La segunda parte dentro de esta promesa se refiere a la palabra *shalom*, o paz. La *paz* se define en el ámbito natural como la ausencia de guerra o lucha; sin embargo, en el elemento sobrenatural de la bendición sacerdotal, la palabra *shalom* significa "estar terminado o completo"; es la "armonía entre las fuerzas convergentes".[8] Por tanto, la paz del Padre es "completa, sobrepasa todo entendimiento y no le falta nada".[9]

Cuando un padre sonríe sobre su hijo o hija, hace que el niño se sienta cómodo, confiado, aprobado y, en última instancia, en paz. De la misma manera, cuando nuestro Padre celestial sonríe sobre sus hijos, también produce una sensación de seguridad, aceptación y plenitud; pero lo que es aún más importante, con la paz de Dios usted puede disfrutar de las otras promesas de la bendición sacerdotal, que son la provisión y la protección, la sabiduría, la redención y el favor.

La primera promesa de la bendición sacerdotal tiene tres palabras en el idioma hebreo. La segunda promesa tiene cinco palabras, pero la tercera promesa de la bendición sacerdotal se compone de siete palabras en el hebreo.[10]

En la Biblia, el número siete representa la perfección o la plenitud. Esta porción de la bendición sacerdotal declara que sin paz uno no tiene nada, sin importar cuán rico, sabio o socialmente influyente sea.

San Pablo reconoció las promesas de gracia y paz dentro de la bendición sacerdotal como ingredientes esenciales para vivir la vida buena, porque comenzó todas sus epístolas a excepción de una con las palabras: "Gracia y paz a vosotros, de Dios nuestro Padre y del Señor Jesucristo".

Esto confirma que toda bendición está incompleta a menos que con ella produzca paz. Para recibir una verdadera bendición con provisiones materiales, sabiduría, erudición y ganancias espirituales se requiere el regalo de la paz.

⌄ PIENSE EN ESTO ⌄

¡Sin la paz de Dios no hay bendición![11]

INVOCAR EL NOMBRE DE DIOS

En la última porción de la bendición sacerdotal (Números 6:27), el Señor ordena a Aarón y a sus hijos a que invoquen su Nombre sobre los hijos de Israel de modo que Dios mismo pueda santificar a Israel con la santidad que se personifica en el *Nombre*. Solo entonces el pueblo sería digno de su bendición. Esto era un recordatorio de que, a pesar de que los sacerdotes pronunciaban las palabras de la bendición, solo Dios puede bendecir.[12]

El *Nombre* revela al único y verdadero Dios. Él es *Aquel que Era, que Es y que ha de Venir*. Es el Dios por medio del cual son todas las cosas (1 Corintios 8:6). Por tanto, al poner su Nombre sobre sus hijos, Dios nos recuerda quién es él, lo que define su carácter; nos recuerda lo que ha hecho, declara sus poderosas obras; y nos recuerda lo que promete hacer, lo que proclama su pacto. En última instancia, este decreto recalca que Dios y solo Dios es la fuente de toda bendición en cada esfera de la vida. Aceptar esta verdad demanda la fe más pura, que es la que nos conducirá a la bendición de Dios.[13]

LA BENDICIÓN PROFÉTICA

Ahora veamos brevemente la diferencia entre la bendición sacerdotal y la bendición profética. La bendición sacerdotal es la proclamación directa de *Dios* sobre el hombre como lo afirma Números 6, en tanto la bendición profética es la declaración que la *autoridad espiritual* de Dios pronuncia con respecto a la vida de un individuo. Una vez que la bendición sacerdotal se ha declarado sobre el destinatario, luego sigue la bendición profética. A diferencia de la bendición sacerdotal, la bendición profética es única para cada persona que la imparte así como para aquella que la recibe. *"a cada uno por su bendición los bendijo"* (Génesis 49:28).

La referencia en las Escrituras a la palabra *bendición* tiene muchas connotaciones en el idioma hebreo. Cuando

Dios bendice a un hombre, es para otorgarle buena salud, éxito abundante y prosperidad, tanto material como espiritual. Cuando el hombre bendice a Dios, lo hace mediante la acción de gracias, la reverencia, la obediencia, la alabanza y la adoración. Cuando un hombre bendice a su hermano, recita la bendición sacerdotal de Números 6:22–27 y luego proclama la bendición profética que el Espíritu Santo le ha inspirado.

A medida que lea *El poder de la bendición profética,* descubrirá cómo esta proclamación divina, guiada por el Espíritu Santo, formará de manera sobrenatural su vida y la vida de sus seres queridos.

Capítulo tres

LA BENDICIÓN DEL GÉNESIS

Y creó Dios al hombre a su imagen, a imagen
de Dios lo creó; varón y hembra los creó.

—Génesis 1:27

⌄

La palabra *creó* en hebreo es *bara* y significa "hacer de la nada". Antes de la Creación, no había nada aparte de la gloria de Dios. Así como el ciego no puede comprender la majestad de una puesta de sol o el sordo la belleza de una sinfonía, el hombre no puede concebir el concepto del término *nada*.[1] Antes que el sol y la luna, antes que la luz y las tinieblas, solo existía Dios. Dios el Todopoderoso, el Alfa y la Omega...el Gran YO SOY.

En el libro de Génesis Él es la Simiente de la Mujer. En el libro de Éxodo es nuestro Cordero pascual. En el libro de Rut es nuestro Pariente redentor. En el libro de Salmos es nuestro Pastor. En el libro de Isaías es nuestro

Príncipe de paz. En el libro de Juan es el Hijo de Dios. En el libro de Hechos es el Espíritu Santo. En el libro de Hebreos es la sangre del pacto eterno. En el libro de Santiago es el gran médico. ¡Y en el libro de Apocalipsis es el Rey de reyes y Señor de señores![2]

⌄ PIENSE EN ESTO ⌄

¡De la nada (*bara*) el Maestro arquitecto de todos los siglos creó el universo y todo lo que en el existe usando su Palabra hablada! *"Y dijo Dios..."*.

LA CREACIÓN DE ADÁN

En el teatro de su mente, párese conmigo en el Jardín del Edén y vea al Dios Todopoderoso arrodillado en la tierra tomando un poco de esta. El Creador de toda vida está moldeando con sus majestuosas manos al primer ser humano, llamado *Adán*. "Entonces Jehová Dios formó al hombre del polvo de la tierra" (Génesis 2:7).

Este templo mortal de barro yacía sin vida en las sombras del Edén hasta que Dios pegó su rostro al de Adán y sopló dentro de él: "y sopló en su nariz aliento de vida, y fue el hombre un ser viviente" (Génesis 2:7).

Mis estimados amigos, Adán no evolucionó; fue extraordinaria y maravillosamente hecho por las manos perfectas del Alfarero, así como fuimos hechos tú y yo. El rey David se inspiró y escribió en su pergamino: "Te alabaré; porque formidables, maravillosas son tus obras" (Salmo 139:14). Mis estimados amigos, ¡todos fuimos creados...no evolucionamos!

Cuando Adán abrió por primera vez los ojos a la luz del día, se asombró tanto por la majestad como por la tranquilidad del Jardín del Edén. El dueto del Creador y su creación conversaban mientras caminaban por los verdes y exuberantes senderos del Jardín. Entonces el Señor pronunció el décimo mandamiento que aparece en el libro de Génesis: "No es bueno que el hombre esté solo; le haré ayuda idónea para él" (2:18).

LA CREACIÓN DE EVA

Mucho se ha hablado sobre Eva, incluyendo el siguiente cuento:

Dios le dijo a Adán: "Te voy a crear una esposa que te amará sin importar lo que hagas, una esposa que cocinará tres deliciosas comidas cada día para ti; lavará y arreglará tu ropa; hará el amor contigo apasionadamente siempre que quieras; soportará a tus hijos sin quejarse; y siempre estará de acuerdo contigo sin importar el asunto del que se trate".

Adán le preguntó al Señor: "¿Y cuánto costará una esposa como esa?".

El Señor respondió: "Te costará un ojo de la cara".

Adán pensó por un instante y preguntó: "¿Y qué puedo obtener por una costilla?".

El Señor Dios, el Gran Médico, realizó la primera cirugía de la historia de la humanidad; Dios fue tanto el anestesista como el cirujano. Sumió a Adán en un sueño profundo, abrió su costado y extrajo una costilla de la que creó a la más hermosa y misteriosa criatura que el mundo conocería: la mujer.

Matthew Henry dijo que "la mujer fue hecha de una costilla del costado de Adán; no fue hecha de su cabeza para gobernar sobre él, ni de su pie para que la aplastara, sino de su costado para ser igual a él, pero debajo de su brazo para ser protegida y cerca de su corazón para ser amada".[3]

⌄ PIENSE EN ESTO ⌄

El matrimonio es idea de Dios; el hombre
no participó en su planificación. Es y será
la piedra angular de la civilización.

Cuando observamos el primer matrimonio, vemos que Eva, la esencia de la absoluta perfección, es presentada a su esposo por el Casamentero por excelencia, el Padre de toda la creación.

Para continuar consagrando esta unión, Dios declaró su bendición.

UNA BENDICIÓN TRIPLICADA

El Señor no creó la tierra para que fuera baldía: la formó para que estuviera habitada.[4] "Porque así dijo Jehová, que creó los cielos; él es Dios, el que formó la tierra, el que la hizo y la compuso; no la creó en vano, para que fuese habitada la creó: 'Yo soy Jehová, y no hay otro'" (Isaías 45:18).

La primera bendición sobre el hombre y la mujer en las Escrituras se encuentra en Génesis 1:28: "Y los bendijo Dios, y les dijo: 'Fructificad y multiplicaos; llenad la tierra, y sojuzgadla, y señoread en los peces del mar, en las aves de los cielos, y en todas las bestias que se mueven sobre la tierra'".

El cordón de tres dobleces de la bendición de Génesis incluye:

1. Fructificad y multiplicaos.
2. Llenad la tierra, y sojuzgadla.
3. Señoread sobre todas las cosas.

FRUCTIFICAD Y MULTIPLICAOS

"Fructificad y multiplicaos" es tanto una bendición como un mandamiento. La unión de un hombre con una mujer está concebida para tener hijos. Este mandamiento es la antítesis de la campaña a favor del aborto y de la homosexualidad. No es posible que dos hombres o que dos mujeres produzcan un hijo. Dios creó "varón y hembra", lo que hace que el matrimonio entre dos hombres o dos mujeres sea una clara violación de la ley de Dios. Dios bendecirá solamente la unión que Él creó; por tanto, bendijo la unión del matrimonio entre un hombre y una mujer con hijos, como lo afirma el rey David en el Salmo 127:3–5:

He aquí, herencia de Jehová son los hijos;
Cosa de estima el fruto del vientre.
Como saetas en mano del valiente,
Así son los hijos habidos en la juventud.
Bienaventurado el hombre que llenó su aljaba de ellos;
No será avergonzado
Cuando hablare con los enemigos en la puerta.

Los Estados Unidos no trata a nuestros hijos como cosa de estima ni los respeta como la bendición que Dios dice que son. En vez de esto, los explota mediante la pornografía infantil, abusa de ellos mediante el rechazo y los mata por medio del aborto. Debido a esas transgresiones, se ha destruido una porción del futuro de nuestra nación. Desde *Roe v. Wade*, se han asesinado más de cincuenta y tres millones de niños en los úteros de sus madres.[5]

Un potencial Mozart, un Einstein, un futuro presidente de los Estados Unidos, maestros de escuelas, bomberos, oficiales de policía, madres amorosas y padres compasivos se han eliminado de nuestra sociedad porque no hemos honrado el mandato de Dios de fructificar y multiplicarnos. La especie en mayor peligro de extinción en la tierra es un niño o niña en el útero de su madre.

⋎ PIENSE EN ESTO ⋎

Si las madres del antiguo Israel hubieran matado a sus hijos en el útero, el destino divino que Dios había determinado para el hombre habría abortado. No habrían existido Abraham, Isaac, ni Jacob. No habría habido profetas en Israel para traer la luz de la verdad como guía para las generaciones futuras. No habría existido el rey David, que destruyó a los enemigos de Israel y no habría tenido lugar un milagroso nacimiento en el pesebre del Belén que cambió el destino de toda la humanidad. El plan de Dios para la redención se habría sacrificado en el altar del dios del ego.

DIOS CONOCÍA A ESAÚ Y A JACOB

Dios hizo un ultrasonido divino en el útero de Rebeca, quien estaba preocupada por la condición de su embarazo y preguntó, como lo han hecho muchas mujeres embarazadas a lo largo de la historia: "¿Por qué me pasa esto?" (Génesis 25:22, NTV).

El Todopoderoso interpretó el ultrasonido de los hijos en el útero de Rebeca e hizo esta proclamación profética:

Dos naciones hay en tu seno,
Y dos pueblos serán divididos desde tus entrañas;
El un pueblo será más fuerte que el otro pueblo,
Y el mayor [Esaú] servirá al menor [Jacob]
(Génesis 25:23).

Cuando Dios miró el útero de Rebeca, no vio un bulto de carne sin vida y sin sentido; vio a dos seres humanos vivos. Hizo la proclamación profética de que Jacob y sus descendientes, el pueblo judío, serían más fuertes que su hermano Esaú y sus descendientes.

Jacob, el que trabó su mano al calcañar, era un pillo que conocía el poder de la bendición y usó su astucia y su arte para obtenerla engañosamente de la boca de su padre anciano Isaac. Esaú cedió de manera tonta su derecho a la bendición por un plato de lentejas y sufrió mucho por ello. Dios nunca olvidó que Esaú se mofó de la bendición y sus palabras de enojo todavía tienen el filo cortante del cuchillo: "A Jacob amé, mas a Esaú aborrecí" (Romanos 9:13).

Dios el Padre conocía el destino de Jacob y lo recalcó cuando pronunció la bendición profética sobre él:

"Apareció otra vez Dios a Jacob, cuando había vuelto de Padan-aram, y le bendijo. Y le dijo Dios: 'Tu nombre es Jacob; no se llamará más tu nombre Jacob, sino Israel será tu nombre; y llamó su nombre Israel. También le dijo Dios: Yo soy el Dios omnipotente: crece y multiplícate; una nación y conjunto de naciones procederán de ti, y reyes saldrán de tus lomos. La tierra que he dado a Abraham y a Isaac, la daré a ti, y a tu descendencia después de ti daré la tierra'" (Génesis 35:9-12).

DIOS CONOCÍA A JEREMÍAS

Antes de que naciera Dios conoció a Jeremías, el profeta llorón, y sabía que era una persona con un destino específico. Esta es la proclamación profética de Dios con respecto al ultrasonido de Jeremías:

> *Vino, pues, palabra de Jehová a mí, diciendo:*
> *"Antes que te formase en el vientre te conocí,*
> *y antes que nacieses te santifiqué,*
> *te di por profeta a las naciones"* (Jeremías 1:4–5).

Este versículo afirma claramente tres cosas:
1. Dios conocía a su hijo o hija antes de que fuera concebido en el vientre.
2. Dios ha llamado a los niños a un trabajo divino y los ha santificado para ese trabajo desde que estaban en el vientre de su madre. Recuerde, Juan el Bautista saltó en el vientre de su madre porque fue lleno del Espíritu Santo.
3. Dios ordenó a Jeremías como profeta para las naciones del mundo. Este destino divino estuvo

determinado antes de que él respirara por primera vez fuera del vientre de su madre.

⌄ PIENSE en ESTO ⌄

Dios declaró la bendición profética sobre su creación y desea que usted la declare también sobre sus hijos.

DIOS CONOCÍA A JUAN EL BAUTISTA

Zacarías era un sacerdote anciano de Israel que estaba casado con una mujer llamada Elisabet. No tenían hijos porque Elisabet era estéril y ambos eran de edad avanzada.

Zacarías fue al templo a servir porque le había llegado su turno, según la costumbre en el sacerdocio. Mientras estaba orando, el ángel Gabriel se le apareció y le dijo:

Zacarías, no temas; porque tu oración ha sido oída, y tu mujer Elisabet te dará a luz un hijo, y llamarás su nombre Juan. Y tendrás gozo y alegría, y muchos se regocijarán de su nacimiento; porque será grande delante de Dios. No beberá vino ni sidra, y será lleno del Espíritu Santo, aun desde el vientre de su madre. Y hará que muchos de los hijos de Israel se conviertan al Señor Dios de ellos. E irá delante de él con el espíritu y el poder de Elías, para hacer volver los corazones de los padres a los hijos, y de los rebeldes a la prudencia de los justos, para preparar al Señor un pueblo bien dispuesto (Lucas 1:13–17).

El ángel del Señor le dio a Zacarías los detalles exactos acerca de la vida y del ministerio futuro del hijo en el vientre de Elisabet. También declaró que Juan el Bautista sería lleno del Espíritu Santo en el vientre de su madre.

Solo un ser humano puede tener una experiencia sobrenatural, no un bulto de carne.

Diana y yo somos los padres orgullosos de cinco hijos maravilloso y tenemos doce nietos asombrosos que son la alegría de nuestra vida. Sin duda alguna podemos afirmar que ellos son la mayor bendición que Dios nos ha dado.

DIOS CONOCÍA A MATTHEW

Cuando me siento en la plataforma de la Iglesia Cornerstone y miro a nuestro hijo Matthew predicando a nuestra congregación y a la audiencia televisiva que trasciende más allá de nuestra nación al mundo entero, me siento impulsado a parame y saltar de alegría. Él es una respuesta a la oración y Satanás trató de matarlo cuando todavía estaba en el vientre de su madre.

Diana y yo nos sentimos muy felices cuando el médico confirmó que estaba embarazada de Matthew. Unas pocas semanas después de la noticia del embarazo, Diana le ministró a una joven de nuestra iglesia que no se sentía bien. El día siguiente la madre de la joven llamó para decirle a Diana que el médico había diagnosticado por teléfono que su hija tenía sarampión. Cuando Diana llamó a su obstetra para informarle que había estado expuesta al sarampión, él revisó la historia clínica de Diana y llegó a la conclusión de que nunca había tenido sarampión ni había recibido inmunización contra este virus.

Luego el médico le explicó a Diana que el sarampión,

conocido en el campo de la medicina como rubeola, puede causar deformaciones y daño severo en el cerebro de un niño en el útero de su madre. Diana se quedó estupefacta, pero se sintió aliviada cuando escuchó al médico decirle suavemente: "No se preocupe, podemos ocuparnos de todo con una visita a mi consultorio".

Diana le preguntó cuál era su plan para el tratamiento. Su respuesta fue: "Es un simple procedimiento en el consultorio llamado dilatación y legrado. Es un procedimiento fácil que puede hacerse en menos de una hora". En otras palabras…¡un aborto!

Diana colgó el teléfono y palideció mientras las lágrimas comenzaban a rodar por su rostro. Había asistido a la Universidad a un curso de preparación para empezar la carrera de medicina y de inmediato se dio cuenta de que estábamos en medio de una crisis de fe.

Diana llamó a mi oficina, llorando, mientras me comentaba acerca del plan del médico para terminar con el embarazo.

"¿Qué vamos a hacer?", dijo entre sollozos por el teléfono.

"Paso número uno: ¡despedir al médico! Vamos a confiar en Dios y estar seguros de que la vida que hay en tu interior está perfectamente saludable y ¡lista para cumplir el destino divino que Dios ya le ha encomendado!".

De inmediato llamé al médico y lo despedí. Antes de colgar, me dio aquel discurso diciéndome que era una "persona irresponsable", tratando de hacerme sentir culpable para que decidiera terminar con el embarazo. ¡Pero no lo logró!

Cuando Diana llegó a mi oficina, tenía los ojos hinchados de tanto llorar. Se sentó en una silla al otro lado de mi escritorio, me miró directo a los ojos y dijo: "¿Y ahora qué?".

¿Qué hace usted cuando no sabe qué hacer? Hace exactamente esto: "Fíate de Jehová de todo tu corazón, y no te apoyes en tu propia prudencia. Reconócelo en *todos tus caminos*, Y él enderezará tus veredas" (Proverbios 3:5–6). Lloramos el uno en los brazos del otro, proclamamos un embarazo y un parto saludable y luego esperamos en Dios.

¿Está listo para hacer esto?

Tres días más tarde, la mujer que había llamado a Diana para decirle que su hija tenía sarampión llamó otra vez. Le dijo a Diana: "Quería informarle acerca de la condición de nuestra hija. Comenzó a mejorar mucho más rápido de lo que el médico había predicho, así que la llevé al consultorio, donde me confirmó que había hecho un diagnóstico erróneo; era solo una clase de sarpullido, no sarampión".

Diana empezó a llorar otra vez, de gratitud y alivio, pero también de angustia mientras recordaba lo que habría podido pasar: si hubiera seguido el consejo del médico, Matthew nunca habría nacido.

El nacimiento de Matthew fue el primero que se me permitió presenciar en el hospital. Lo vi tomar su primer aliento. Fui la primera persona que lo cargó. Mientras sostenía a nuestro saludable y milagroso bebé, dibujó su primera sonrisa y yo lloré de alegría. Si la vida de Matthew hubiera terminado en el vientre de su madre, el destino divino que el Señor tenía para él habría sido abortado.

Soy la quinta generación consecutiva en la familia Hagee que se convierte en pastor; nuestro hijo Matthew continúa con esta venerable herencia como la sexta generación que predica el evangelio de Jesucristo. Diana y yo estamos orando para que uno de sus hijos continúe el legado de la familia Hagee.

Te doy gracias, Señor, por la revelación de la verdad de tu preciosa Palabra: "Yo he venido para que tengan vida, y para que la tengan en abundancia." (Juan 10:10).

LLENAD LA TIERRA

La segunda bendición del cordón de tres dobleces es "llenad la tierra, y sojuzgadla" (Génesis 1:28). Dios, el Padre de toda creación, el Rey soberano del universo, podía haber poblado la tierra con una proclamación profética después de haber creado a Adán, pero no lo hizo. No porque no podía, sino porque quería que el hombre cumpliera esa tarea. Dios creó al hombre para que se propagara por toda la tierra.

En Génesis 1:28, Dios le pidió a Adán que "llenara la tierra" y, una vez más, se lo ordenó a Noé en Génesis 9:1: "Bendijo Dios a Noé y a sus hijos, y les dijo: 'Fructificad y multiplicaos, y llenad la tierra'". Cuando el hombre se niega a obedecer el mandato de Dios, el Todopoderoso toma el asunto en sus manos para cumplir lo que ha decretado. Por ejemplo, la humanidad se unió para construir una ciudad en una llanura de la región de Sinar con el propósito de glorificarse a sí misma: "Construyamos una ciudad con una torre que llegue hasta el cielo. De ese modo nos haremos famosos y evitaremos ser dispersados por toda la tierra" (Génesis 11:4 NVI).

En un acto de rebelión flagrante, el hombre desafió el mandato de Dios de "llenar la tierra", de modo que Dios frustró el plan del hombre confundiendo el idioma y colocándolos en la senda que había ordenado originalmente por medio de la bendición del Génesis: "Así los esparció Jehová desde allí sobre la faz de toda la tierra" (Génesis 11:8).

⩣PIENSE EN ESTO⩣

Donde Dios lo coloque es donde va a bendecirlo y a proveerle. ¡El lugar de su propósito es el lugar de su poder!

Si Elías no hubiera ido al arroyo de Querit como Dios le mandó, se habría quedado sin protección y con el tiempo habría muerto de hambre. "Apártate de aquí, y vuélvete al oriente, y escóndete en el arroyo de Querit, que está frente al Jordán. Beberás del arroyo; y yo he mandado a los cuervos que te den allí de comer" (1 Reyes 17:3–4).

Si los apóstoles no hubieran regresado a Jerusalén como Cristo les mandó, nunca habrían recibido la llenura del Espíritu Santo en el Aposento Alto. Habrían seguido siendo simples pescadores lamentándose por haber perdido oportunidades. Por el contrario, obedecieron al Señor y, con el tiempo, bajo la unción del Espíritu Santo, viraron el mundo al revés con las buenas noticias del evangelio.

Y estando juntos, les mandó que no se fueran de Jerusalén, sino que esperasen la promesa del Padre, la cual, les dijo, oísteis de mí. Porque Juan ciertamente bautizó con agua, mas vosotros seréis bautizados con el Espíritu Santo dentro de no muchos días. Pero recibiréis poder, cuando haya venido sobre vosotros el Espíritu Santo, y me seréis

*testigos en Jerusalén, en toda Judea, en Samaria, y hasta
lo último de la tierra" (Hechos 1:4-5, 8).*

SOJUZGAR

La palabra *sojuzgar* dentro de la bendición del Génesis
significa "administrar o cuidar". Desde el comienzo, la voluntad y la inteligencia humana debían ordenar la "creación natural virgen". Esta no era un invitación a explotar
la creación; era un reto para traer orden y armonía a la
tierra física".[6]

Adán y Eva debían usar todos los infinitos recursos de
la tierra para el servicio de Dios y del hombre. Recuerde,
el pecado todavía no había entrado a la humanidad, por
tanto el papel de Adán y Eva de cuidar el jardín no implicaba lucha, resistencia ni muerte; el hombre tenía prohibido matar animales para comer. (Dios le otorgó a Noé
ese permiso después del diluvio [Génesis 9:3].) Sus vidas
eran agradables, exitosas y gratificantes.

Esta bendición del Génesis *todavía* es para nosotros;
podemos tener vidas agradables, exitosas y gratificantes
a través del segundo Adán, Jesucristo nuestro Salvador.

SEÑOREAR

Dios hizo al hombre a su imagen; somos los portadores
de su imagen, por tanto, tenemos los atributos de Dios
dentro de nosotros. La intención de Dios era que el
hombre fuera rey (que tuviera el control) sobre la naturaleza por Él, tratándola como Dios mismo lo haría (Génesis 1:28). Este mandato golpea a este siglo veintiuno
como un mazo entre los ojos.

La base del medioambientalismo neopagano es la

adoración de la naturaleza; este eleva a la naturaleza y a la Madre Tierra por encima de los derechos de los seres humanos. Muchos de los hombres que demandan la protección de las ballenas o de los escarabajos ciegos son los mismos que reclaman el derecho al aborto. Aquellos que están preocupados por la continuación de la existencia de las especies en extinción también debían estar preocupados por los derechos de los niños no nacidos aún, una especie en verdadero peligro de extinción.

El otro lado de la moneda es este: la humanidad ha profanado una gran parte de la creación de Dios debido al descuido y al uso indebido. De acuerdo a la bendición del Génesis, el hombre debe tomar control de la naturaleza, pero ésta prohíbe el abuso cruel y egoísta. Como portadores de la imagen de Dios, debemos ejercer dominio con su carácter.

Cuando Jesucristo estaba en la tierra, tenía un dominio total de todas las cosas vivientes. En Lucas 5, Jesús les dijo a los discípulos que navegaran a lo profundo a pescar y ellos pescaron tanto que sus botes casi se hundieron (vv. 4–7). En Mateo 17, Jesús le dijo a Pedro que saliera a pescar y pescara solo un pez grande, el cual tendría dinero en la boca para pagar los impuestos (v. 27). ¡Eso es control absoluto!

Jesús tuvo dominio de un pollino cuando entró en Jerusalén en medio de multitudes que lo aclamaban con ramas en sus manos, gritando: "¡Hosanna!"

Jesús demostró control sobre las aves cuando el gallo canto dos veces inmediatamente después de que Pedro había negado que lo conocía por tercera vez.

Jesús tuvo control de los elementos cuando ordenó al

agua que se convirtiera en el vino más fino en las bodas de Caná.

Le hago esta pregunta: Si Dios les dio dominio sobre la naturaleza a Adán y a Jesús, ¿por qué nuestra generación está idealizando lo que Dios dice que debemos controlar?

Adán habitó serenamente en el Jardín del Edén como resultado de su obediencia a los mandatos de Dios y protegió esa existencia bendita evitando las transgresiones. La humanidad recibió la bendición del Génesis a través de Adán y, a pesar de que Adán sucumbió al pecado, Dios, por su gracia y su misericordia, provee la oportunidad para que cada uno de sus hijos se beneficie de la bendición del Génesis.

Estamos ahora a punto de embarcarnos hacia Ur para conocer a un hombre llamado Abram, a quien se le dio el pacto eterno a través de la bendición abrahámica, una bendición que también puede ser suya: "Bendeciré a aquellos que te bendicen".

Capítulo cuatro

La bendición abrahámica

Pero Jehová había dicho a Abram:
Vete de tu tierra y de tu parentela, y de la casa de tu padre,
a la tierra que te mostraré. Y haré de ti una nación grande,
y te bendeciré, y engrandeceré tu nombre, y serás bendición.

—Génesis 12:1-2

˅
˅

Fue el llamado de Dios el que hizo que Jacob fuera a Betel y se transformara de un hombre que estaba huyendo de su pasado a un hombre llamado Israel, que vio al Todopoderoso cara a cara: "porque has luchado con Dios y con los hombres, y has vencido"(Génesis 32:28).

Fue el llamado de Dios el que envió al profeta Samuel con su cuerno lleno de aceite para ungir a un niño pastor como rey: "Dijo Jehová a Samuel: ¿Hasta cuándo llorarás a Saúl, habiéndolo yo desechado para que no reine sobre

Israel? Llena tu cuerno de aceite, y ven, te enviaré a Isaí de Belén, porque de sus hijos me he provisto de rey" (1 Samuel 16:1).

Fue el llamado de Dios el que envió a David a matar a Goliat, a conquistar a los jebuseos y a liberar a la ciudad de Jerusalén, que se convirtió en la eterna e indivisible capital de Israel para siempre.

Fue el llamado de Dios sobre Saulo de Tarso, un hombre que se llamaba como el primer rey de Israel, lo que cambió el rostro del cristianismo. Saulo guardó las ropas de los hombres que apedrearon a Esteban hasta morir. Era el terror de la iglesia del Nuevo Testamento ya que enviaba a algunos de sus seguidores a la cárcel y a otros los mandaba a ejecutar. Y luego fue golpeado hasta caer en tierra debido a una orden de arresto divina, cuando Jesús le preguntó: "Saulo, Saulo, ¿por qué me persigues?...Levántate y entra en la ciudad, y se te dirá lo que debes hacer" (Hechos 9:4, 6).

Fue Juan el escritor de Apocalipsis, prisionero en la isla de Patmos como enemigo de Roma, quien escuchó la voz del cielo que resonaba como una trompeta: "Sube acá, y yo te mostraré las cosas que sucederán después de estas" (Apocalipsis 4:1).

Muy pronto la novia de Cristo, de toda tribu, lengua y nación, escuchará el llamado de Dios cuando suene la trompeta: "Los muertos en Cristo resucitarán primero. Luego nosotros los que vivimos, los que hayamos quedado, seremos arrebatados juntamente con ellos en las nubes para recibir al Señor en el aire, y así estaremos siempre con el Señor" (1 Tesalonicenses 4:16–17).

Cuando el llamado de Dios se dirige a la carne mortal,

no hay necesidad de que se anuncie, debido a que los hombres lo sienten, los ángeles lo celebran y los demonios huyen aterrorizados.

Con frecuencia, hombres y mujeres jóvenes que desean entrar al ministerio me hacen esta pregunta: "¿Qué es lo primero que debo hacer?".

La respuesta es esta: Espere el llamado de Dios. Cuando llega su *llamado*, será como fuego en sus huesos, un fuego que no será capaz de contener ni apagar. Pero hasta que llegue ese momento, toda la actividad mortal son movimientos sin sentido.

El San Pablo transformado declara que somos llamados "con llamamiento santo, no conforme a nuestras obras, sino según el propósito suyo y la gracia que nos fue dada en Cristo Jesús antes de los tiempos de los siglos" (2 Timoteo 1:9).

La diferencia entre un adorador de ídolos en Mesopotamia llamado Abram y el padre de muchas naciones llamado Abraham fue el *llamado de Dios*. Con el llamado de Dios, nada es imposible; sin el llamado, usted es como metal que resuena o címbalo que retiñe (1 Corintios 13:1).

El llamado de Dios sobre este hombre comenzó con una sencilla declaración de poder sobrenatural: "Pero Jehová había dicho a Abram..." (Génesis 12:1). Fue este llamado divino del Dios todopoderoso lo que apartó a Abram para convertirse no solo en el "padre de muchas naciones" (Romanos 4:16–18) sino también en el "amigo de Dios" (2 Crónicas 20:7).

LA PRUEBA DE ABRAHAM

Desde el instante en que Dios llamó a Abram, Él lo probó. La vida está llena de pruebas; de hecho, la vida misma es una prueba. Entrelazados en nuestras vidas hay momentos de alegría y de tristeza, momentos de éxito y de fracaso y momentos de esperanza y de desesperación; y entretejidas en el tapete de la vida están las pruebas del tiempo.

José se sentó en una prisión egipcia durante años, desanimado por sus sueños rotos. Sin embargo, un día pasó de la prisión egipcia a la casa de Faraón con una posición y un poder sin precedentes porque Dios fue fiel a la bendición profética que le había dado a José años atrás (Génesis 41:40–43).

Los sirvientes del rey probaron a Daniel con las deliciosas comidas reales durante diez días, pero en vez de ellas, Daniel decidió consumir solo vegetales y agua y salió como el campeón de Dios. Fue probado cuando pasó la noche en un foso con hambrientos leones, escuchando sus rugidos ensordecedores y con la certeza de que aquellos dientes filosos dentro de aquellas poderosas mandíbulas despedazarían su cuerpo. Y luego de pasar estas pruebas de fe, Dios le dio a Daniel "entendimiento en todo sueño y visiones", lo que hizo que con el tiempo el rey lo promoviera a un lugar de prominencia nacional por el resto de su vida (vea el libro de Daniel).

¿Está pasando una prueba muy fuerte? Prepárese, porque es el siguiente en la cola para un ascenso en su trabajo, una relación restaurada, una provisión financiera que ha estado esperando por mucho tiempo, o una sanidad milagrosa. Escuche las palabras de ánimo de San Pedro:

"Amados, no os sorprendáis del fuego de prueba que os ha sobrevenido, como si alguna cosa extraña os aconteciese, sino gozaos por cuanto sois participantes de los padecimientos de Cristo, para que también en la revelación de su gloria os gocéis con gran alegría" (1 Pedro 4:12–13).

⋎ PIENSE EN ESTO ⋎

La persona que está atravesando una prueba de fuego está a un paso más cerca de alcanzar el destino de Dios.

Las pruebas de la vida lo transportarán de la agonía del valle de sombra de muerte al éxtasis de la cima de la montaña. Las pruebas vendrán, pero Jehová Giré nos promete que alcanzaremos el triunfo sobre todas ellas, ya que Él es el fuego consumidor que nos transporta en medio de las tribulaciones de la vida que nos purifican de las imperfecciones morales y espirituales que impiden que disfrutemos nuestro futuro bendito y victorioso.

Examinemos las diez pruebas de Abraham y cómo estas se conectan con las promesas de Dios en la bendición abrahámica. Estas pruebas fueron la senda que Abram tuvo que transitar antes de recibir la bendición profética de Dios.

Con el *llamado* de Dios vinieron las pruebas, la bendición profética y, en última instancia, el pacto para la tierra de Israel. Abram recibió una orden que pocos de nosotros hubiéramos obedecido, no obstante, él confió en Dios y obedeció a su voz: "Bendito el varón que confía en Jehová, y cuya confianza es Jehová" (Jeremías 17:7, La Torá).

Pero Jehová había dicho a Abram:
Vete de tu tierra y de tu parentela, y de la casa de tu
padre, a la tierra que te mostraré. Y haré de ti una
nación grande, y te bendeciré, y engrandeceré tu nombre,
y serás bendición. Bendeciré a los que te bendijeren, y
a los que te maldijeren maldeciré; y serán benditas en
ti todas las familias de la tierra (Génesis 12:1–3).

¿Qué hizo Abram cuando escuchó el llamado? "Y se fue
Abram, como Jehová le dijo" (Génesis 12:4).

La primera prueba: Obediencia absoluta
Las bendiciones vienen a aquellos que obedecen. Moisés
tomó su pluma y escribió en su pergamino los más pro-
fundos principios de la bendición que se encuentran en
las Escrituras: "Acontecerá que si oyeres atentamente la
voz de Jehová tu Dios, para guardar y poner por obra
todos sus mandamientos que yo te prescribo hoy, también Jehová tu Dios te exaltará sobre todas las naciones
de la tierra. Y vendrán sobre ti todas estas bendiciones,
y te alcanzarán, si oyeres la voz de Jehová tu Dios"
(Deuteronomio 28:1–2).

⌄ PIENSE EN ESTO ⌄

No es lo que cree lo que hace que su vida sea
grandiosa; es lo que obedece, porque la obediencia
es mejor que los sacrificios (1 Samuel 15:22).

Muchos *escuchan* la Palabra, pero pocos la *obedecen*.
He escuchado a personas decir: "Yo creo en Dios pero…"

Los demonios creen en Dios; tiemblan cuando escuchan su Nombre (Santiago 2:19), ¡pero no obedecen! ¿Lo hace usted?

Escuchamos voces todos los días que nos persuaden para que vayamos por *este camino* o por *aquel*, pero hay una sola voz que debemos escuchar, la voz de Dios. Abram escuchó la voz de Dios, una voz que nunca había escuchado antes. Era la voz de un Dios que no había visto ni conocido, pero no obstante, Abram obedeció.

Abram era un adorador de ídolos. Estaba rodeado de una sociedad pagana e impía. Sin embargo, un día escuchó una voz del cielo llamándolo para que dejara el lugar donde estaba y fuera a una tierra que nunca había visto para cumplir un destino que no comprendía. Y de inmediato Abram se levantó para obedecer la voz de un Dios al que no había visto y que lo había llamado a cambiar la historia del mundo.

La segunda prueba: apártese

En una oración, Dios probó a Abram diciéndole que se apartara de los ídolos y de la idolatría. Abram era un exitoso mercader en Ur, una ciudad próspera y exitosa de Mesopotamia.

No obstante, obedientemente salió de Ur, de su familia y de su vida cómoda para asentarse en Canaán, lugar donde los habitantes eran paganos bárbaros.

El primer paso en el plan divino de Dios para la redención era que su pueblo se apartara de una sociedad corrupta e idólatra. Dios llamó a Abram para que saliera de las costumbres paganas del mundo mesopotámico en el que se había criado.

⇲ PIENSE EN ESTO ⇱

La separación del mundo es la puerta que abre el poder y la bendición espiritual. ¡El hombre que camina con Dios siempre alcanza su destino!

Si una nación desea tener la bendición de Dios, si una iglesia desea tener la bendición de Dios, si un creyente desea tener la bendición de Dios, entonces tiene que apartarse del mundo. La iglesia o el creyente que es igual al mundo no puede hacer nada *por* el mundo. Jesús dijo: "Y cualquiera que haya dejado casas, o hermanos, o hermanas, o padre, o madre, o mujer, o hijos, o tierras, por mi nombre, recibirá cien veces más, y heredará la vida eterna" (Mateo 19:29).

Más tarde, en su viaje para recibir la bendición profética, Dios le dijo a Abram que dejara la tierra de Canaán y se fuera a Egipto. En ambas ocasiones Abram se apartó de todo y de todos los que impedían que cumpliera su destino divino.

Adán y Eva no pudieron apartase de la serpiente seductora que los sedujo para que comieran el fruto prohibido y, por tanto, perdieron el Edén. Sansón no pudo apartarse de Dalila, quien seductoramente lo convenció para que le revelara el secreto de la unción que Dios le había dado y, por tanto, perdió la vida. Judas no pudo apartarse de las treinta piezas de plata y, por tanto, perdió su alma.

¿Lo está tentando el príncipe de las tinieblas con algún fruto prohibido para que abandone su bendición? Sea como Abram: ¡apártese hoy mismo!

Según usted se aparte de las cosas que debe
dejar, ¡así Dios lo llevará a donde Él desea!

Dios estaba preparando a Abram para la siguiente
prueba, que lo acercaría aún más a la bendición profética
de Eretz Israel (la tierra de Israel), porque Dios nunca
nos ordena que salgamos hasta que está listo para ir delante de nosotros.

La tercera prueba: Sarai y Faraón

Abram enfrentó una severa hambruna en Canaán, lo que
lo llevó a salir a Egipto. Mientras vivía en Egipto, pensaba
en la bendición profética que Dios había declarado sobre
él. ¿Dónde estaba la bendición de la tierra?

Abram tenía miedo por su vida y por la de su esposa
mientras estaba en Egipto. La costumbre de Faraón era
llevar a las mujeres hermosas a su palacio para satisfacer
sus pasiones obscenas momentáneas: "Y aconteció que
cuando entró Abram en Egipto, los egipcios vieron que
la mujer era hermosa en gran manera. También la vieron
los príncipes de Faraón, y la alabaron delante de él; y fue
llevada la mujer a casa de Faraón" (Génesis 12:14-15).

Abram convenció a su esposa Sarai para que dijera que
era su hermana, porque de hecho era la hija de su padre,
pero no la hija de su madre. Observó cómo se llevaban a
Sarai, el amor de su vida. Una vez más, ¿dónde estaba la
bendición? Abram confió en que Dios los liberaría y Dios
permaneció fiel: "No permitió que nadie los oprimiese;

EL PODER DE LA BENDICIÓN PROFÉTICA

antes por amor de ellos castigó a los reyes. 'No toquéis, dijo, a mis ungidos, ni hagáis mal a mis profetas'" (1 Crónicas 16:21–22).

Cuando usted está en la voluntad de Dios, un séquito invisible de ángeles lo rodea día y noche de toda clase de peligro. Si permanece fiel a Dios durante la prueba, Él se encargará de que usted esté protegido y salga libre y de que sus enemigos huyan delante de sus ojos.

La cuarta prueba: los cuatro reyes

La siguiente prueba tuvo lugar cuando Abram escuchó que Lot, su sobrino, fue hecho cautivo cuando cuatro reyes que ya habían destrozado a doce naciones sitiaron a Sodoma. Abram, con fe en Dios, organizó el primer comando de ataque del Ejército de Defensa Israelí con solo 318 sirvientes que habían nacido en su casa.

Abram rescató a Lot, trayendo los despojos de la guerra al rey de Sodoma, quien se los devolvió a Abram. Pero Abram se negó a aceptarlos y le dijo al rey de Sodoma: "He alzado mi mano a Jehová Dios Altísimo, creador de los cielos y de la tierra, que desde un hilo hasta una correa de calzado, nada tomaré de todo lo que es tuyo, para que no digas: Yo enriquecí a Abram" (Génesis 14:22–23).

En muchas ocasiones, Abram y sus descendientes confiarían en que Dios les daría la victoria sobre abrumadores adversarios en las futuras batallas por la supervivencia de la nación. El Dios que defendió la tierra y el pueblo en aquel momento es el mismo Dios que defiende la tierra de Israel y el pueblo judío en este día y para siempre. Él es el defensor de Israel, que "no se adormecerá ni dormirá" (Salmo 121:4). Los enemigos de Israel tienen que reconocer que hay un Espía en el cielo; es judío y usará su poder justo e ilimitado para asegurar que la bendición abrahámica perdure a través de los siglos hasta que su hijo Jesucristo reine desde Jerusalén como Rey de reyes y Señor de señores.

Cuando Moisés y los israelitas salieron de Egipto hacia la Tierra Prometida, Faraón reunió seiscientas de sus mejores carrozas, sus principales generales y todo su poderoso ejército para destruir por completo a los indefensos hijos de Israel. Moisés confió en Dios y proclamó la victoria, porque alentó al pueblo con estas palabras: "No temáis; estad firmes, y ved la salvación que Jehová hará hoy con vosotros; porque los egipcios que hoy habéis visto, nunca más para siempre los veréis. Jehová peleará por vosotros, y vosotros estaréis tranquilos" (Éxodo 14:13–14).

Cuando dividió el mar Rojo, cuando destruyó las carrozas de Faraón y ahogó a su ejército, el Señor permaneció fiel a su promesa: "Así salvó Jehová aquel día a Israel de mano de los egipcios; e Israel vio a los egipcios muertos a la orilla del mar. Y vio Israel aquel grande hecho que Jehová ejecutó contra los egipcios; y el pueblo temió a Jehová, y creyeron a Jehová y a Moisés su siervo" (Éxodo 14:30–31).

Gedeón confió en que Dios intervendría en su favor y sería capaz de acabar con el yugo de la opresión madianita y amalecita con solo trescientos hombres fieles armados con cántaros rotos, trompetas y antorchas (Jueces 7).

Una vez más el Señor derrotó a los enemigos de Israel, dándole la victoria a Ezequías cuando Senaquerib vino con el ejército de Asiria en lo que parecía ser una conquista imposible (2 Crónicas 32). Numerosos ángeles barrieron el campamento de Asiria mientras los hombres dormían en sus tiendas y mataron a 185,000. Luego del rotundo fracaso, Senaquerib regresó a Nínive y fue a adorar a su Dios, Nisroc. Mientras estaba allí, sus hijos entraron y lo mataron con espadas (2 Reyes 19:35–37).

El Señor continúa defendiendo al pueblo de Israel hasta el día de hoy. Unas horas después de que Israel se declaró como Estado independiente en 1948, siete naciones árabes, haciendo alarde de que "lanzarían a los judíos al mar", se confabularon contra la nación recién formada en una batalla que se conoce como la Guerra de Independencia de Israel (14 de mayo–11 de junio, 1948). Al final de la batalla la pequeña nación, superada en número en 100 por 1, no solo derrotó a los invasores sino que adquirió más tierra que la que ya las Naciones Unidas le habían otorgado en el plan de repartición de 1947.[1]

El comandante de operaciones, Yigael Yadin, declaró que la victoria de Israel sobre sus enemigos era un "milagro". El *Diccionario Oxford* define la palabra *milagro* como: "un evento sorpresivo y bienvenido que no se puede explicar según las leyes científicas o naturales y que, por tanto, se considera que es el trabajo de una *agencia divina*". Sí, la historia ha recogido milagro tras milagro durante aquella decisiva Guerra de Independencia. Solo mencionará algunos para probar que Dios defenderá a Israel y, al hacerlo, está cumpliendo la bendición profética que le hizo a Abraham, que es su pacto eterno para la tierra de Israel.

- *La batalla de Safed*. Cerca del mar de Galilea, una pequeña unidad de soldados israelíes defendía sus posiciones contra miles de árabes. Drásticamente sobrepasados en número y con escasas provisiones, los soldados ayunaron cuando, de la nada, comenzó una tormenta en el desierto. Aprovechando la oportunidad para distraer a los enemigos, los guerreros israelíes tomaron la gasolina que les quedaba y la echaron en cincuenta galones de gasolina vacíos, los incendiaron y los lanzaron colina abajo. Una ilusión aterrorizante se creó mientras los barriles en llamas se aproximaban estruendosamente a su objetivo. Cegados por la arena de la tormenta, los aterrorizados y confundidos árabes huyeron del campo de batalla, convencidos de que un arma poderosa los estaba atacando.[2]

• *La batalla de Degania.* En otro incidente, los soldados israelíes estaban al borde del fracaso mientras defendían los antiguos kibbutz en Israel del sitio de un convoy sirio de doscientos carros blindados, incluyendo cuarenta y cinco tanques. Sobrepasados en número y sin armamentos, los defensores de Israel eran incapaces de bloquear el avance del enemigo. La única artillería pesada que había en Israel eran cuatro obuses similares al armamento que se usó en la Guerra Franco-Prusiana de 1870. El teniente coronel Moshe Dayan ordenó de inmediato que dos de las anticuadas armas se alistaran para llevarlas al campo de batalla. Los obuses se rearmaron en el momento exacto en que el primer tanque sirio llegó a la frontera del kibbutz. Las fuerzas israelíes dispararon y milagrosamente impactaron directamente al tanque líder con una de las dos armas arcaicas,

¡que representaban la mitad de las provisiones de artillería de Israel! Enseguida, las tropas sirias se retiraron porque creyeron firmemente que este ataque tan preciso tenía que provenir del sofisticado arsenal que Israel debía tener.[3]

- *La batalla de Galilea.* Mientras los reemplazos israelíes se movilizaban en veinticuatro carros y camiones blindados rudimentariamente equipados para aliviar a las exhaustas tropas que estaban agobiadas en la batalla, tomaron un camino equivocado y cruzaron la frontera con el Líbano. Inesperadamente, se tropezaron con un convoy que estaba trayendo provisiones para el ejército sirio en Galilea con decenas de camiones con municiones, artillería y numerosos carros blindados. Muy asombrados, los israelíes enseguida dispararon y golpearon al primer camión, que era uno lleno de gasolina. Este explotó al instante y de inmediato incendió al camión que venía detrás de él, que estaba repleto de granadas de mano. Las explosiones que se sucedieron luego una tras otra se podían escuchar a kilómetros de distancia, aterrorizando a los sirios que huyeron para salvar sus vidas. Más tarde, las tropas israelíes descubrieron que, debido a este milagroso encuentro sorpresa, los atacantes árabes huyeron de Israel, pues creyeron que el ejército israelí había atacado el Líbano.[4]

- *La batalla de Lydda.* El milagro de Gedeón se repitió en la liberación del aeropuerto de Lydda. Dieciséis israelíes disfrazados de árabes entraron en secreto a la ciudad mientras siete mil tropas árabes se preparaban para el ataque. Una vez que cayó la noche, se infiltraron entre las multitudes árabes y generaron una conmoción estilo Gedeón, que produjo un caos y una locura total, haciendo que las tropas árabes se atacaran unas a otras y el sitio fracasara.[5]

- *La batalla de Mushrafá.* El Comandante de Israel Yigael Yadin usó la Torá (los primeros cinco libros de la Biblia judía) como su mapa de guerra estratégico para encontrar un antiguo camino bíblico que no se había transitado durante siglos. Después de limpiar aquel camino, Yadin dirigió a sus tropas y a sus vehículos blindados en la oscuridad de la noche hacia la victoria al derribar la principal base militar egipcia. Esta milagrosa conquista estratégica fue uno de los hechos decisivos que terminaron con la guerra de 1948 dos semanas después.[6]

La protección sobrenatural de Dios sobre Israel no terminó con la guerra de 1948, ni tampoco terminó con la Guerra de los Seis Días de 1967, ni con la Guerra de Yom Kippur en 1973, ni con ninguna de las batallas que se libraron en aquel tiempo. Y no terminará cuando los enemigos de Israel se levanten contra esa nación en el futuro, como lo profetizó el salmista: "Contra tu pueblo han consultado astuta y secretamente, y han entrado en consejo contra tus protegidos. Han dicho: 'Venid, y destruyámoslos para que no sean nación, y no haya más memoria del nombre de Israel'" (Salmos 83:3–4).

El profeta Ezequiel nombró a los ejércitos y a las naciones que atacarán a Israel en un futuro cercano en un esfuerzo por borrarla del mapa. Será una invasión terrestre masiva que liderarán Gog y Magog (Rusia), quienes involucrarán a Persia (Irán), Etiopía (las naciones africanas islámicas), Libia y Togarmah (Turquía). Esta armada militar será tan masiva y abrumadora que las naciones del mundo considerarán a Israel totalmente fracasado antes de que la guerra comience.

Sin embargo, hay un problema con el malvado plan de los enemigos de Israel. El Dios Todopoderoso, el Defensor de Israel, está sentado en los cielos y se airará tanto que "¡hervirá de furia!" (Ezequiel 38:18, NTV). En el instante en que los pies del ejército invasor de millones de soldados toquen la tierra de Israel, Dios liberará su furia y aniquilará a los enemigos de Israel, como lo describe el profeta Ezequiel.

El Omnipresente Dios de Abraham, de Isaac y de Jacob permitirá que la confusión controle a esos ejércitos y comenzaran a usar sus armas de destrucción para aniquilarse unos a otros (Ezequiel 38:21). Dios ha prometido "lluvias torrenciales, granizo, fuego y azufre ardiente [sobre los ejércitos invasores]" (Ezequiel 38:22). Así fue exactamente cómo el Todopoderoso destruyó a Sodoma y a Gomorra. ¿Cuántas personas de los ejércitos invasores morirán? El profeta Ezequiel responde esa pregunta en el versículo 39:2: "Y te quebrantaré, y te sextaré, y te haré subir de las partes del norte, y te traeré sobre los montes de Israel;" (Ezequiel 39:2, RV Antigua).

¿Por qué Dios hará esto? "Y seré engrandecido y santificado, y seré conocido ante los ojos de muchas naciones; y sabrán que yo soy Jehová" (Ezequiel 38:23).

Abram no solo confió que Dios lo iba a librar a él y a

sus hombres de vastos ejércitos, como lo ha hecho en la actualidad con los ejércitos modernos de Israel, sino que también se aseguró de que Dios recibiera toda la gloria. Dios se sintió complacido por la fidelidad de Dios durante esa prueba, por lo que dijo: "No temas, Abram; yo soy tu escudo, y tu galardón será sobremanera grande" (Génesis 15:1).

La quinta prueba: El pacto entre las partes

Dios también reveló a Abram la bendición profética en una visión, asegurándole que tendría un heredero que "saldría de su propio cuerpo"; este heredero era el hijo de la promesa. Además, Dios le mostró a Abram que sus descendientes serían tan numerosos como las estrellas de los cielos. Luego Dios les prometió a Abram y a sus descendientes que les daría la tierra. Antes de continuar con la palabra profética, Dios requería un sacrificio para sellar el pacto. Esto se conoce como el pacto entre las partes (Génesis 15).

El acto de matar animales tenía una doble implicación. En primer lugar, involucraba un sacrificio, lo que era común cuando se hacía un pacto. En segundo lugar, las partes que juraban sobre los animales sacrificados se obligaban a mantener el pacto o estarían sujetas a ese mismo destino si lo violaban.

Abram tuvo que haberse sentido en el colmo de la felicidad y del asombro de tan solo imaginar que podría ser padre a una edad tan avanzada. Pero Abram pasó de la emoción y a esperanza al "horror y a una gran oscuridad" (Génesis 15:12) cuando Dios le reveló el lóbrego futuro de sus descendientes. "Entonces Jehová dijo a Abram: 'Ten por cierto que tu descendencia morará en tierra ajena, y será esclava allí, y será oprimida cuatrocientos años'" (Génesis 15:13).

No obstante, una vez más Abram pasó la prueba y confió en Dios. Esto agradó al Señor porque: "En aquel día hizo Jehová un pacto con Abram" (Génesis 15:18). Como la lámpara que nunca se apagaba, la cual simbolizaba la presencia de Dios, se movía entre las partes, Dios le explicó el contenido del pacto a Abram: él y sus descendientes recibirían una Tierra Real que se conocería como el estado de Israel. El contrato original de propiedad real de la Tierra se selló con sangre entre Dios el Creador y Abram, el padre de muchas naciones.

La sexta prueba: Sarai y Agar

El plan de Dios no era que Abram tuviera un hijo con Agar; esa fue idea de Sarai. Sarai dijo: "Ya ves que Jehová me ha hecho estéril; te ruego, pues, que te llegues a mi sierva; quizá tendré hijos de ella" (Génesis 16:2).

⌄PIENSE EN ESTO⌄

El plan divino de Dios no está hecho
de "quizás"; su plan es seguro.

La prueba de fe de Abram se desató cuando Sarai lo culpó por su esterilidad, porque Agar estaba embarazada de un hijo suyo y Sarai no. Abram todavía no había entrado en el pacto total con Dios; todavía no se había circuncidado, por tanto, el niño que Agar llevaba en su vientre no podía ser el hijo del pacto que Dios le había prometido muchos años antes. A pesar de que Abram se desalentó por la difícil decisión que tenía que tomar, confió en Dios y, con el tiempo, le permitió a Sarai echar a Agar.

La séptima prueba: la circuncisión

Esta prueba tiene que ver con el requisito que Dios demandaba para el pacto abrahámico: cortar el prepucio del hombre. Esto era y todavía es una señal del lazo de fe entre Dios y Abraham (Génesis 17:11). Este acto distintivo simbolizaba otra forma de separación de la simiente de Dios del mundo y, en última instancia, de la maldad (Jeremías 4:4). Es una señal ceremonial que permanece hasta hoy día.

Esta fue una de las pruebas más desafiantes y significativas para Abram. Desafiante porque este acto no era solo sin precedentes, sino también peligroso, porque Abram tenía veintinueve años de edad. Significativa porque la circuncisión se convertiría en una señal obligatoria del pacto entre Dios y su pueblo con respecto a la tierra de Israel desde aquel momento hasta la eternidad.

Fue solo después que Abraham se circuncidó y entró en el pacto que Sarah concibió al hijo de la promesa. Cuando alguien piensa en lo que pudo haber pasado antes de ese tiempo, puede comprender completamente lo que Dios había hecho para proteger a Abram y a Sarai. Faraón o Abimelec podían haber tomado a Sarah y matado a Abraham, pero Dios lo prohibió. Se aseguró de que Abraham y Sarah concibieran y dieran a luz al hijo de la promesa tal como lo había declarado, ya que nadie impediría la bendición profética o se llevaría la gloria del Gran Yo Soy.

Sin pasar esta prueba, Abraham nunca habría alcanzado su destino divino de convertirse en el "padre de muchas naciones": "He aquí mi pacto es contigo, y serás padre de muchedumbre de gentes. Y no se llamará más tu nombre Abram, sino que será tu nombre Abraham, porque te he puesto por padre de muchedumbre de gentes" (Génesis 17:4–5).

⋎ PIENSE en ESTO ⋎

Cada vez que Dios pronunciaba el nombre de Abraham, proféticamente anunciaba su destino divino.

La octava prueba: Agar e Ismael

Después del nacimiento de Isaac, Sarah se sintió cada vez más celosa de Agar e Ismael; ellos eran un recordatorio constante de su propia falta de fe en el Dios que había declarado la bendición profética sobre ella y su esposo años atrás. "Por tanto, dijo a Abraham: Echa a esta sierva y a su hijo, porque el hijo de esta sierva no ha de heredar con Isaac mi hijo" (Génesis 21:10).

Abraham se sintió consternado con la petición de Sarah porque él amaba a su hijo primogénito, Ismael. Sin embargo, Dios le dijo a Abraham: "No te parezca grave a causa del muchacho y de tu sierva; en todo lo que te dijere Sara, oye su voz, porque en Isaac te será llamada descendencia" (Génesis 21:12). Note que el Señor se refirió a Ismael como "el muchacho" y el "hijo de tu sierva". Dios estaba declarando que solo en Isaac se perpetuaría su pacto.

Abraham puso su fe en el Dios que nunca le había

fallado e hizo como el Todopoderoso había ordenado; se separó de Agar y los echó tanto a ella como a Ismael, el hijo al que también amaba (Génesis 21:14).

La novena prueba: el sacrificio

Aconteció después de estas cosas, que probó Dios a Abraham, y le dijo: Abraham. Y él respondió: Heme aquí. Y dijo: Toma ahora tu hijo, tu único, Isaac, a quien amas, y vete a tierra de Moriah, y ofrécelo allí en holocausto sobre uno de los montes que yo te diré. Y Abraham se levantó muy de mañana, y enalbardó su asno, y tomó consigo dos siervos suyos, y a Isaac su hijo; y cortó leña para el holocausto, y se levantó, y fue al lugar que Dios le dijo (Génesis 22:1-3).

Analicemos el diálogo entre Dios y Abraham para comprender mejor la devoción absoluta que Abraham le tenía a Dios en aquella época de su trayectoria hacia el destino profético que Dios había proclamado sobre él.

¿Cómo puede un mortal comprender esta prueba?

Tengo dos hijos a los que amo mucho y no puedo imaginarme tal demanda. A pesar de que los eruditos judíos listan este acto como una de las diez pruebas de fe de Abraham, es el único al que las Escrituras se refieren como una *prueba*. La intención de Dios era que Abraham llevara a su término las otras nueve situaciones; sin embargo, nunca planeó que Abraham sacrificara a Isaac. Dios había prometido a Abraham un hijo que heredara la bendición; nunca habría anulado su Palabra, porque "Dios no es hombre, para que mienta" (Números 23:19).

A la edad de cien años, Abraham finalmente recibió

la recompense del hijo de la promesa. ¡Qué grandes aspiraciones tenía para Isaac, el heredero de la bendición profética de Dios! Pero entonces Dios llamó a Abraham y le presentó la prueba más difícil.

Instantáneamente Abraham reconoció la voz de Dios y dijo: "Aquí estoy", indicando que estaba listo para cumplir la petición de Dios. En las instrucciones detalladas que Dios le dio a Abraham, le dijo que ofreciera a Isaac en el altar del sacrificio. Después que Abraham escuchó las instrucciones de Dios, podía haberle dicho que Él le había prometido en varias ocasiones que Isaac era el vínculo con el destino futuro en el que se basaban las promesas que Dios le había hecho, pero tuvo una fe pura de que Dios prevalecería, así que decidió simplemente dormir. Nos cuesta trabajo imaginarnos *tal* paz en un momento de *tal* tormenta personal.

ⱴ PIENSE EN ESTO ⱴ

Cuando un creyente está en la voluntad de Dios, tiene paz perfecta incluso durante las mayores crisis de la vida.

Las pruebas en las Escrituras son para el beneficio de aquellos que están siendo probados; porque Dios solo prueba a los justos: "Jehová prueba al justo...; porque Jehová es justo, y ama la justicia; el hombre recto mirará su rostro" (Salmo 11:5, 7). Daniel durmió en la fosa de los leones rodeado de una muerte inminente y salió de allí triunfante. Jesús durmió en el bote durante una fiera tempestad que aterrorizó a sus avezados discípulos que habían nacido en el mar de Galilea. Esta clase de paz perfecta solo puede provenir de una fuente: Dios.

Dios proveyó a un carnero como sustituto de Isaac y para la absoluta sumisión de Abraham a la voluntad de Dios. Luego declaró la bendición profética sobre Abraham e Isaac una vez más (Génesis 22:17-18). Esta prueba estableció definitivamente la completa devoción de Abraham hacia Dios. Llevaría a Abraham al pináculo de su relación con el Señor a quien tanto amaba. Después del monte Moriah, las Escrituras no vuelven a mencionar que Dios se dirigiera a Abraham directamente otra vez, porque había pasado la última prueba.

La décima prueba: el entierro

Esta prueba tenía que ver directamente con la tierra prometida en la bendición profética de Dios. A pesar de que el Señor le había prometido a Abraham y a su simiente toda la tierra de Israel, cuando su amada Sarah murió, Abraham tuvo que inclinarse ante los habitantes paganos de la Tierra Prometida y comprar una propiedad para sepultura (Génesis 23).

Abraham podía haber exigido la tierra porque ya la había recibido en el pacto con Dios. Ya era dueño de la tierra. Pero, en vez de esto, se mantuvo firme en su intención de comprarla, lo que creó el primer documento de transacción de tierra que relatan las Escrituras, lo cual tuvo lugar en Canaán: "Y quedó la heredad y la cueva que en ella había, de Abraham, como una posesión para sepultura, recibida de los hijos de Het" (Génesis 23:20).

Es importante notar que las tres compras de tierra más explícitas que se relatan en las Escrituras son cronológicamente los tres lugares de la propiedad real por los que Israel más ha tenido que contender. Uno es la cueva de Macpela, que Abraham compró para sepultar a Sarah y que en la actualidad se localiza en el Hebrón moderno: "Y pesó Abraham a Efrón el dinero que dijo, en presencia de los hijos de Het, cuatrocientos siclos de plata, de buena ley entre mercaderes" (Génesis 23:16).

El segundo es Siquem, el cual compró Jacob y que, luego de algún tiempo, se convirtió en el lugar de la tumba de José y se encuentra en la región moderna de Naplusa: "Después Jacob llegó sano y salvo a la ciudad de Siquem, que está en la tierra de Canaán, cuando venía de Padan-aram; y acampó delante de la ciudad. Y compró una parte del campo, donde plantó su tienda, de mano de los hijos de Hamor padre de Siquem, por cien monedas. Y erigió allí un altar, y lo llamó El-Elohe-Israel" (Génesis 33:18–20).

La tercera es la compra del sitio del Templo, que David compró y que se encuentra en Jerusalén: "Entonces el rey David dijo a Ornán: No, sino que efectivamente la compraré por su justo precio; porque no tomaré para Jehová lo que es tuyo, ni sacrificaré holocausto que nada me cueste. Y dio David a Ornán por aquel lugar el peso de seiscientos siclos de oro. Y edificó allí David un altar a Jehová, en el que ofreció holocaustos y ofrendas de paz, e invocó a Jehová, quien le respondió por fuego desde los cielos en el altar del holocausto" (1 Crónicas 21:24–26).

Dios prometió la tierra y mucho más a Abraham y a su simiente. Prometió que los descendientes de Abraham serían una bendición para el mundo. ¿Cómo podía serlo un pueblo que habitó en el desierto durante cuarenta años antes de llegar a la Tierra Prometida? ¿Cómo podía serlo un pueblo que con el tiempo se dispersó por todas las naciones del mundo? ¿Cómo podía serlo un pueblo que casi fue aniquilado durante las masacres y el Holocausto? Porque Dios prometió llevarlos a "la tierra que te mostraré" (Génesis 12:1).

En hebreo, el término *mostrar* se refiere a la tierra, pero también se puede referir a "dar a conocer tu naturaleza a ti mismo y al mundo". En su plan infinito, Dios no solo llevó a los descendientes de Abraham a la tierra sino que también reveló en quien estaban destinados a convertirse como nación.

El pueblo cuyos libros quemaron durante las masacres tiene ahora el mayor número de ganadores de Premios Nobel sobre la tierra. El pueblo que no pudo adueñarse de la tierra en Alemania tiene ahora a los mejores agrónomos del mundo. El pueblo que no pudo empuñar un arma en la Polonia nazi tiene ahora una de las mejores fuerzas militares del mundo. El pueblo judío nunca *conocería* su naturaleza ni la *mostraría* al mundo hasta que no estuviera *en* la tierra del pacto de Israel.

⌄PIENSE EN ESTO⌄

El Dios de la Biblia es un Dios de pactos. Nadie alcanza su destino divino sin caminar con Dios en un pacto. Cada flor que florece en las Sagradas Escrituras está plantada en la tierra de un pacto.

Dios estableció un pacto con Abraham, Isaac y Jacob y sus descendientes de que la tierra de Israel era su posesión eterna; la señal del pacto era la circuncisión.

Dios hizo un pacto con Noé de que no destruiría otra vez la tierra con agua; la señal del pacto era el arco iris en el cielo.

Dios hizo un pacto con el rey David de que Israel siempre poseería la tierra; la señal era el sol brillando durante el día y la luna durante la noche.

Dios hizo un pacto de sangre con usted en la cruz de que la sangre de Jesucristo lo limpiaría de todos sus pecados y lo presentaría sin mancha delante del Padre que está en el cielo. La señal es la circuncisión del corazón que lo hace obediente a la Palabra de Dios. Todo lo que Dios hace con el hombre y por el hombre lo hace mediante un pacto.

Dios probó a Abraham y nos probará a nosotros, porque todos los que viven piadosamente en Cristo Jesús sufrirán pruebas y tribulaciones: "Amados, no os sorprendáis del fuego de prueba que os ha sobrevenido, como si alguna cosa extraña os aconteciese…" (1 Pedro 4:12).

LA BENDICIÓN DE ISMAEL

Los árabes reclaman la tierra de Israel por virtud del hecho de que Ismael era el hijo de Abraham, nacido de Agar. Sin embargo, Dios aclaró muy bien en su contrato de propiedad real que Ismael sería excluido como heredero de la tierra de Israel. La Biblia recoge la conversación entre Dios y Abraham como se describe a continuación:

Y dijo Abraham a Dios: Ojalá Ismael viva delante de ti. Respondió Dios: Ciertamente Sara tu mujer te dará a luz un hijo, y llamarás su nombre Isaac; y confirmaré mi pacto con él como pacto perpetuo para sus descendientes después de él. Y en cuanto a Ismael, también te he oído; he aquí que le bendeciré, y le haré fructificar y multiplicar mucho en gran manera; doce príncipes engendrará, y haré de él una gran nación. Mas yo estableceré mi pacto con Isaac, el que Sara te dará a luz por este tiempo el año que viene (Génesis 17:18-21).

Dios había desconectado a Ismael del pacto cuando se refirió a él como "el muchacho" (Génesis 21:12), cuando, por el contrario, llamó a Isaac "tu único hijo" (Génesis 22:2). Isaac era el hijo del pacto que había nacido de Sarah. El nombre de Abraham sería perpetuado solamente a través de Isaac.

De la misma manera, la bendición profética que Dios declaró sobre Ismael sucedió exactamente como lo había declarado, porque él recibió gran bendición. Sus descendientes actuales son las naciones de la OPEP, que controlan el Golfo Pérsico y su riqueza petrolera. Isaac recibió la tierra de Israel; Ismael recibió el petróleo del Golfo Pérsico. Cada vez que usted paga por un galón de gasolina, ¡está siendo parte de la bendición de Ismael cumplida!

LA BENDICIÓN PROFÉTICA ES PERSONAL

Pero Jehová había dicho a Abram: Vete de tu tierra y de tu parentela, y de la casa de tu padre, a la tierra que te mostraré. Y haré de ti una nación grande, y te bendeciré, y engrandeceré tu nombre, y serás bendición (Génesis 12:1-2).

Abraham fue llamado a una nueva revelación de la voluntad de Dios y se alzó a un nivel de fe que pocos han alcanzado. Dios habló con Abraham como uno habla con un amigo, cara a cara. Dios tuvo confianza con Abraham y también comunión y le hizo una promesa de bendición personal, diciendo: "Te bendeciré...".

Génesis 13:2 afirma: "Y Abram era riquísimo en ganado, en plata y en oro". Era una bendición terrenal temporal, que era muy personal.

Un hombre bendecido experimenta buenas relaciones en su matrimonio, con sus hijos y con sus amigos; él y su familia disfrutan buena salud y sanidad; es promovido en su puesto de trabajo. Su casa se vende rápido mientras sus vecinos esperar durante meses sin éxito. Su negocio prospera cuando otros fracasan. Todas estas bendiciones son temporales y muy personales.

Con respecto a un hombre bendecido, la gente puede decir: "¡Es como el rey de Midas, todo lo que toca se convierte en oro!". ¡Error! Nuestro poder para prosperar es posible por la fidelidad de Dios a su Palabra a través de la bendición profética. Esa bendición se transmite a su esposa, a sus hijos, a sus nietos y a todo aquello en lo que interviene. A dondequiera que va, lo que sea que haga, prospera. Esta es solo una ínfima porción del poder de la bendición profética de Dios sobre las vidas de los hombres y de las naciones como lo demuestra la Palabra de Dios.

¡La bendición profética es personal y está disponible para usted, para sus hijos y para sus nietos hoy!

SECCIÓN 2:

LAS BENDICIONES PROFÉTICAS

Capítulo cinco

¿BENDECIR O NO BENDECIR?

Bendeciré a los que te bendijeren, y a los que te maldijeren maldeciré; y serán benditas en ti todas las familias de la tierra.

—Génesis 12:3

He enseñado a mi congregación, a los Estados Unidos y a las naciones del mundo acerca de Israel durante treinta y cuatro años. También he escrito muchos libros de los más vendidos sobre Israel y el pueblo judío.[1] En la actualidad, a través de Cristianos Unidos por Israel (CUFI, siglas en inglés), otros líderes cristianos y yo tenemos el propósito de unir a los cincuenta millones de evangélicos de los Estados Unidos bajo un mismo sentir para apoyar a Israel y al pueblo judío.

CUFI tiene actualmente más de un millón de miembros firmes ¡y le quedan cuarenta y nueve millones por alcanzar! Por tanto, sería negligente si no revisara algunos aspectos de la historia bíblica sobre el pacto eterno de Dios con el pueblo judío y la historia de los hombres y de las naciones que han bendecido o maldecido a la niña de los ojos de Dios.

⋎ PIENSE EN ESTO ⋎

Usted no puede ser antisemita y recibir
las bendiciones de Dios.

EL PACTO ETERNO

¿Por qué el apóstol Pablo, quien afirmó que era judío de la tribu de Benjamín, que se llamaba como el primer rey de Israel, quería que los gentiles supieran que Dios no había desechado al pueblo judío?

¿Ha desechado Dios a su pueblo? En ninguna manera... No ha desechado Dios a su pueblo, al cual desde antes conoció (Romanos 11:1-2).

Digo, pues: ¿Han tropezado los de Israel para que cayesen? En ninguna manera; pero por su transgresión vino la salvación a los gentiles, para provocarles a celos (Romanos 11:11).

Porque no quiero, hermanos, que ignoréis este misterio, para que no seáis arrogantes en cuanto a vosotros mismos: que ha acontecido a Israel endurecimiento en parte, hasta que haya entrado la plenitud de los gentiles; y luego todo Israel será salvo, como está escrito:

*vendrá de Sion el Libertador, que apartará de Jacob la
impiedad (Romanos 11:25-26).*

LA TEOLOGÍA DEL REEMPLAZO

San Pablo dedicó tres capítulos del libro de Romanos
para tratar el tema de la relación de Dios con el pueblo
judío. Dios *conocía de antemano* que la nación de Israel
sería puesta a un lado durante esta época moderna de
la iglesia. La iglesia es culpable de seguir doctrinas erró-
neas y destructivas tales como la Teología del Reemplazo.
La Teología del Reemplazo enseña que la iglesia de Jesucristo ha reemplazado al pueblo judío en la economía de
Dios. La Teología del Reemplazo se conoce también como
supersesionismo, una interpretación particular del Nuevo
Testamento que la relación de Dios con los cristianos sobrepasa su anterior relación con el pueblo judío.

Esta destructiva teología presenta la falsa idea de que
las promesas, los pactos y las bendiciones que Dios dio
a Israel en las Escrituras se le han quitado a los judíos y
se le han dado a la Iglesia, la cual las ha sobrepasado. La
Teología del Reemplazo enseña que el pueblo judío está
sujeto a las maldiciones que se encuentran en las Escrituras porque han rechazado a Cristo.

Muchos cristianos nunca han escuchado el término *teología del reemplazo* y no se dan cuenta de que han caído
presos en un error doctrinal. Estas doctrinas no son otra
cosa que una forma de antisemitismo religioso cuyo propósito es exaltar al cristianismo por encima del judaísmo.

☙ PIENSE EN ESTO ❧

Dios no comete errores; no miente y lo que sale de su boca ocurre. Dios no rompe pactos. Si Dios ha roto el pacto con el pueblo judío, ¿cómo podemos confiar en que no romperá el pacto con los gentiles?

Dios no es hombre, para que mienta,
Ni hijo de hombre para que se arrepienta.
El dijo, ¿y no hará?
Habló, ¿y no lo ejecutará?
(Números 23:19).

EL PACTO ETERNO

La definición de *eterno* es "que dura para siempre, que es continuo y siempre es igual". La palabra *pactar* significa entrar en "un juramento, una promesa, un pacto o un lazo". Y, finalmente, la palabra *bendición* significa "consagrar, apartar y hacer santo". *Dios ha hecho un pacto eterno con Israel.* No es difícil de entender; Dios ha apartado al pueblo judío por medio de su bendición y su promesa, la cual no cambiará y durará para siempre.

La Iglesia no ha reemplazado a Israel ni lo ha desechado el Dios que llamó a Abraham para que fuera el "padre de muchas naciones" a través de la bendición abrahámica. Dios ama al pueblo judío por *amor a sus padres* (Romanos 11:28).

¿Quiénes son los *padres*? Abraham, Isaac y Jacob.

EL MANDATO DE DIOS DE BENDECIR A ISRAEL

Bendeciré a los que te bendijeren,
y a los que te maldijeren maldeciré (Génesis 12:3).

A lo largo de Romanos 9, 10 y 11, San Pablo explicó claramente que la promesa de Dios con Israel permanece para siempre y que Dios nunca abandonará a su pueblo de Israel; como tampoco abandonará a su iglesia.

Con respecto al pueblo judío, San Pablo les dijo a los cristianos gentiles de Roma: "No te jactes contra las ramas; y si te jactas, sabe que no sustentas tú a la raíz, sino la raíz a ti" (Romanos 11:18). La "raíz" a la que Pablo se estaba refiriendo es Abraham, Isaac y Jacob.

San Pablo continua instruyendo a los gentiles acerca de su actitud y trato con el pueblo judío en su significativa declaración que se encuentra en Romanos 15:27: "Porque si los gentiles han sido hechos participantes de sus bienes espirituales, deben también ellos ministrarles de los materiales".

¿Qué bienes espirituales les han dado los judíos a los cristianos? Está muy claro que tenemos una deuda de gratitud con el pueblo judío por sus contribuciones a nuestra fe. Ellos nos han dado:

* la Palabra de Dios
* los patriarcas: Abraham, Isaac y Jacob
* los profetas de Israel
* la primera familia del cristianismo: María, José y Jesús
* los doce discípulos
* el apóstol Pablo

No es de extrañar que Jesús dijera: "la salvación viene de los judíos" (Juan 4:22). Si uno quita la contribución de los judíos al cristianismo, no habrá cristianismo.

El judaísmo no necesita al cristianismo para explicar su existencia; sin embargo, el cristianismo no puede explicar su existencia sin el judaísmo. Sin la contribución judía al cristianismo, no habría Salvador ni salvación.[2]

Examinemos la historia bíblica de los hombres y las naciones que han bendecido al pueblo judío y aprendamos de la historia que a aquellos que bendicen a Israel Dios los bendecirá, pero aquellos que maldicen a Israel sufrirán las consecuencias de sus elecciones.

LOS DOS FARAONES

Piense en el Faraón que bendijo a José y a su familia dándoles las ricas tierras de Gosén en Egipto. Estas eran las tierras agrícolas más fértiles del reino, donde una familia de judíos se convirtió en una gran nación durante los siguientes 430 años.

José, por medio del conocimiento de la revelación de Dios, salvó a Egipto y a su propia familia de morir de hambre al interpretar el sueño de Faraón. José predijo la venida de siete años de abundancia y, después de estos, siete años de hambre. Esta revelación cambió el destino de Egipto. Para recompensar su sabiduría el Faraón bendijo a José y a su familia y, en última instancia, a su propio país, al designar a José como primer ministro de Egipto.

Como resultado de su bondad con el pueblo elegido de Dios, el Faraón se convirtió en el líder más rico y poderoso sobre la faz de la tierra. Debido a la bendición de Dios, Egipto alcanzó su mayor esplendor durante la época en que el pueblo judío estuvo habitando allí.

Pero luego se levantó un faraón "que no conocía a José" (Éxodo 1:8). Este persiguió al pueblo judío. Echó a los bebés varones de las familias de los judíos al río Nilo como una forma para controlar el crecimiento de la población. Forzó a los judíos a hacer mezcla y ladrillos y los oprimió en extremo.

La promesa de Dios se hizo realidad: "A los que te maldijeren maldeciré".

Egipto sufrió el ataque de diez plagas que arrasaron con sus cosechas, mataron a su ganado y transformaron al poderoso Nilo en un río de sangre. Muerte y pestilencia reinaban en toda la tierra. Cuando Faraón asesinó a los niños judíos, Dios mató a los primogénitos de todas las familias egipcias que no tenían la protección sobrenatural de la sangre del cordero sacrificado en la puerta. Como expresión final de su ira, Dios ahogó a Faraón y a su poderoso ejército en el mar Rojo, transformando al hombre más poderoso en comida para peces. Dios hizo con Faraón y con su ejército exactamente lo mismo que él había hecho con su pueblo.

El Faraón que bendijo al pueblo judío se convirtió en el hombre más rico y poderoso sobre la faz de la tierra. El Faraón que atormentó al pueblo judío se convirtió en un cadáver hinchado. ¡La Palabra de Dios es verdadera! "Bendeciré a los que te bendijeren, y a los que te maldijeren maldeciré" (Génesis 12:3).

Un ejemplo moderno de la promesa de Dios hecha realidad es el caso del presidente de Venezuela, Hugo Chávez. Pronunció el siguiente discurso en una concentración de jóvenes, el cual se publicó en YouTube para que el mundo lo leyera.

En su discurso, Chávez se refirió al incidente con la flotilla de Gaza que tuvo lugar el 31 de mayo de 2010[3], donde las Fuerzas de Defensa Israelíes interceptaron un barco turco que transportaba a cientos de activistas propalestinos con vínculos con terroristas y con el IHH, un grupo turco que las Naciones Unidas han catalogado como un "grupo separatista de línea dura". Chávez, un ferviente antisemita, expresó con vehemencia su profundo odio hacia Israel y hacia el pueblo judío. Escuche la maldición que se autoproclamó:

¿No ven al imperio yanqui? ¿No ven al imperio yanqui y a la carnicería que el estado genocida de Israel cometió contra un grupo de pacifistas que estaban transportando un cargamento de ayuda humanitaria?

Los palestinos en Gaza están rodeados por Israel de todos lados, no les permiten ni siquiera que tengan agua. Ellos masacraron a algunas personas...ustedes lo vieron, ¿cierto? ¡Dios nos libre de otro Alcalá! Si eso hubiese ocurrido en aguas venezolanas, ya nos habrían invadido. ¡Tengan por seguro que ya nos habrían invadido!

Pero no, como es Israel se le permite todo. Así que esto es un ejemplo de estándares de doble moral: ¡el gobierno de Obama condena el terrorismo, siempre y cuando no sea cometido por ellos mismos, por ellos, Estados Unidos, o su aliado, Israel!

Nos acusan a nosotros, a mí me acusan de

patrocinar el terrorismo. ¡Son ellos los que patrocinan el terrorismo!

Aprovecho para condenar de nuevo, desde el fondo de mi alma y de mis vísceras, al Estado de Israel. ¡Maldito seas Estado de Israel, maldito seas! ¡Terroristas y asesinos! ¡Y viva el pueblo palestino! Viva el pueblo palestino; pueblo heroico, pueblo bueno.

Oigan, miren, la oposición venezolana [el partido opositor de Hugo] no ha dicho nada contra Israel, ¡no! ¿Por qué?

Israel financia la oposición venezolana. Ellos financian la contrarrevolución. ¡Incluso hay grupos de la Mossad (servicio secreto israelí) que están detrás de mí para matarme! ¡Para matarme a mí!

Esta es una de las amenazas que tenemos, solo que la tenemos bajo control. Sabemos donde están en las islas del Caribe. Pero tenemos muchos amigos, como los tengo yo en muchos lugares. Ellos [la Mossad israelí] no son invisibles. No son el hombre invisible y son estúpidos la mayor parte del tiempo.

Oigan, ellos están acostumbrados a pelear contra pueblos indefensos como estos, como esta expedición humanitaria a la media noche. Saltaron de sus helicópteros con ametralladoras para atacar a personas que seguramente estarían durmiendo. En aguas internacionales, ¡esto es un crimen de guerra!

¿Dónde está la corte penal internacional? ¿Dónde están las Naciones Unidas? ¿Dónde está la justicia en este mundo? Por el amor de Dios, ¿dónde está?[4]

Un año más tarde, Hugo Chávez anunció que tenía cáncer y que estaba librando una batalla por su vida. El presidente populista admitió que médicos cubanos habían removido un tumor del tamaño de una pelota de béisbol de su zona abdominal. Falleció el 5 de marzo de 2013 a los 58 años.

La Palabra de Dios se hizo realidad: "A los que te maldijeren maldeciré".

JACOB Y LOS GENTILES

La historia de Jacob y Labán también confirma el principio bíblico de que Dios bendice a los gentiles a través del pueblo judío o los juzga por su trato y su conducta hacia la niña de los ojos de Dios. Jacob fue a trabajar para su suegro, Labán, quien era gentil.

Labán trató a Jacob con dureza porque cambió su salario diez veces y se negó a pagarle a Jacob lo que valía su trabajo. Jacob fue a hablar con su suegro con su renuncia en la mano. Consciente de que la bendición de Dios reposaba sobre Jacob, Labán hizo una declaración histórica que aparece en Génesis 30:27: "He experimentado que Jehová me ha bendecido (a mí, un gentil) por tu causa". Y lo mismo ha ocurrido a lo largo de la historia: Dios ha bendecido a los gentiles por medio de la simiente de Abraham.

UN AMANTE DE ISRAEL

Lucas 7 cuenta la historia de un centurión romano, un gentil, que tenía un siervo enfermo al que amaba mucho. El centurión escuchó que un rabí que sanaba, Jesús de Nazaret, estaba cerca de su casa. La pregunta era, ¿cómo podría este centurión gentil, quién según la ley de Moisés era inmundo, arreglárselas para convencer a un rabí para que entrara a su casa y orara por su siervo enfermo?

El centurión habló con los ancianos judíos y ellos fueron a interceptar a Jesús para rogarle por la causa del centurión romano. El relato de la Biblia cuenta: "Y ellos vinieron a Jesús y le rogaron con solicitud, diciéndole: Es digno de que le concedas esto; porque ama a nuestra nación, y nos edificó una sinagoga" (Lucas 7:4–5).

Note el razonamiento que los ancianos judíos usaron con Jesús. Abogaron por la causa del centurión porque él había demostrado su amor por la nación de Israel edificando una sinagoga. El acto práctico de bondad del centurión hacia el pueblo judío fue suficiente para que Jesús quebrantara la ley de Dios dada a Moisés, la cual Él observaba y estuviera dispuesto a entrar a la casa de un centurión para orar por su siervo enfermo.

De una manera milagrosa, el siervo enfermo se sanó gracias al extraordinario acto de bondad de su amo hacia el pueblo judío y a la fe en el rabí sanador llamado Jesús: "Pero dí la palabra, y mi siervo será sano....Y al regresar a casa los que habían sido enviados, hallaron sano al siervo que había estado enfermo" (Lucas 7:7, 10).

¡El mensaje está muy claro! Cuando usted lleva a cabo actos prácticos de bondad hacia el pueblo judío, Dios liberará su poder sobrenatural para bendecirlo a usted y a su familia. ¡Lo que hizo por el centurión lo puede hacer por usted!

La pregunta es: ¿Qué ha hecho usted para traer bendiciones prácticas al pueblo judío y a la nación de Israel?

"UNA BUENA REPUTACIÓN"

He visitado Cesarea muchas veces y me resulta una de las ciudades más intrigantes de todo Israel. Cesarea, construida en honor a César por Herodes el Grande, era el centro del gobierno romano durante la época de Cristo.

Cesarea es el lugar a donde fue San Pedro en busca de la casa de otro centurión romano llamado Cornelio. La Biblia nos cuenta una asombrosa historia acerca de lo que pasó incluso antes de que Pedro pudiera terminar de hablar a aquellos que estaban reunidos en la casa:

Mientras aún hablaba Pedro estas palabras, el Espíritu Santo cayó sobre todos los que oían el discurso. Y los fieles de la circuncisión que habían venido con Pedro se quedaron atónitos de que también sobre los gentiles se derramase el don del Espíritu Santo. Porque los oían que hablaban en lenguas, y que magnificaban a Dios. Entonces respondió Pedro: ¿Puede acaso alguno impedir el agua, para que no sean bautizados estos que han recibido el Espíritu Santo también como nosotros? Y mandó bautizarles en el nombre del Señor Jesús (Hechos 10:44–48).

¿Por qué Dios escogió la casa de Cornelio como la primera que recibiría las buenas noticias del evangelio y la llenura del Espíritu Santo? Porque este gentil estaba bendiciendo al pueblo judío a través de actos prácticos de bondad; tanto así que tenía una buena reputación en la nación de los judíos. Dios ciertamente bendice a aquellos que bendicen a Israel. "Ellos dijeron: Cornelio el centurión, varón justo y temeroso de Dios, y que tiene buen testimonio en toda la nación de los judíos, ha recibido instrucciones de un santo ángel, de hacerte venir a su casa para oír tus palabras" (Hechos 10:22).

JESÚS Y SUS HERMANOS

He tenido la oportunidad de ministrar alrededor del mundo durante más de cincuenta y cuatro años. A menudo escucho estas palabras salir de los labios de cristianos demasiado apasionados: "¡Haría cualquier cosa por Jesús!". ¿Es realmente así? ¿Está usted consciente de la postura de Jesús con respecto al pueblo judío y a la nación de Israel? Y si está consciente de ello, ¿está haciendo algo para permanecer al lado de la nación de Israel o para bendecir al pueblo de Dios? Jesús dijo: "El que no es conmigo, contra mí es" (Mateo 12:30).

Jesús asumió una posición muy personal con respecto al pueblo elegido de Dios. En Mateo 25:40, afirmó: "De cierto os digo que en cuanto lo hicisteis a uno de estos mis hermanos más pequeños, a mí lo hicisteis".

Jesús llamó al pueblo judío sus "hermanos". Algunos intentarán decir que se estaba refiriendo a la iglesia gentil. No es cierto. Antes de la cruz de Cristo, nosotros estábamos, como lo dice San Pablo: "sin Cristo, alejados de la ciudadanía de Israel y ajenos a los pactos de la promesa, sin esperanza y sin Dios en el mundo" (Efesios 2:12).

Jesús claramente se estaba refiriendo al pueblo judío como sus hermanos en Mateo 25:40. El pueblo judío es "la niña de los ojos de Dios" (Deuteronomio 32:10). Son el pueblo elegido, el pueblo del pacto y el pueblo que Dios ama hasta el día de hoy.

En su conversación con la mujer samaritana en el pozo de Jacob, Jesús le dijo: "Vosotros (los samaritanos) adoráis lo que no sabéis; nosotros (los judíos) adoramos lo que sabemos; porque la salvación viene de los judíos" (Juan 4:22). Dicho de una manera simple, Jesús se identificó con los judíos durante su ministerio terrenal.

En el último libro de la Biblia, a Jesús se le llama "el León de la tribu de Judá" (Apocalipsis 5:5). La palabra *Judá* es el nombre del que proviene la palabra *judío*. Para los cristianos es importante comprender que Jesús no solo se identificó con el pueblo judío durante su vida terrenal, sino que continuó esa relación en las Escrituras después de su muerte, sepultura y resurrección y ciertamente la continuará en la eternidad.

Decir que usted ama a Jesucristo, un rabí judío, pero que no ama a sus compañeros de trabajo o vecinos judíos es una contradicción de términos. Es *antisemitismo disfrazado*.

El juicio a las naciones se basará en el trato de estas con el pueblo judío: "Reuniré a todas las naciones, y las haré descender al valle de Josafat, y allí entraré en juicio con ellas a causa de mi pueblo, y de Israel mi heredad" (Joel 3:2). ¿Será usted uno de los justos entre las naciones?

LOS JUSTOS ENTRE LAS NACIONES

Hágase esta pregunta: ¿Obedezco a Dios simplemente para obtener la bendición, u obedezco a Dios porque es lo correcto, independientemente de las consecuencias?

Hubo una época oscura en la historia de la humanidad en el siglo veinte que se conoce como el Holocausto, cuando millones de judíos fueron asesinados y las naciones permanecían calladas. Pero hubo personas que escucharon el llamado de Dios y obedecieron sin importar las consecuencias, estos se conocen como los Justos entre las Naciones.

Justos entre las Naciones es el término que se aplica a los no judíos que salvaron a los judíos de los perseguidores nazi sin pensar en una compensación o recompensa.[5] Voy a mencionar a alguno de esos gentiles para demostrar los actos incondicionales y desinteresados que llevaron a cabo estos individuos para salvar a sus prójimos.

- En Alemania, el campesino Heinrich List refugió a un amigo judío en su hacienda y cuando los nazi descubrieron lo que había hecho, lo arrestaron y lo enviaron al campo de concentración de Dachau, lugar en el que murió.[6]

- Oskar Schindler salvó de los campos de la muerte a mil doscientos judíos que trabajaban en una fábrica. Lo arrestaron tres veces por complicidad y violación de las Leyes de Nuremberg y tuvo que huir a Austria para escapar de la persecución nazi. Para el final de la guerra, Schindler estaba prácticamente en la miseria después de usar toda su fortuna para rescatar a los "Judíos de Schindler" de una muerte segura.[7]

- En Holanda, Joop Vesterweel, Jaap Musch, Joop Woortman y Albertus Zefat fueron ejecutados en suelo alemán por su participación en el rescate de judíos.[8]

- En Dinamarca, Henry Thomsen transportó a los judíos en barcos para llegar a la libertad en Suecia y cuando lo arrestaron lo llevaron al campo de concentración de Neuengamme, donde murió.[9]

- Corrie ten Boom, a quien tuve el placer de conocer, fue enviada al campo de concentración de Ravensbrück junto con su padre y su hermana después de ser arrestados por ayudar a muchas familias judías a escapar de los nazis. Tanto su padre como su amada hermana perecieron. La familia ten Boom creía que los judíos eran el pueblo elegido de Dios; ellos proveyeron comida kosher para las familias judías que permanecieron con ellos y guardaron el Sabbath judío en su honor.[10]

- En París, Suzanne Spaak rescató a niños judíos y cuando los nazis la descubrieron la ejecutaron en la víspera de la liberación de París.[11]

- Adelaide Hautval no guardó silencio acerca de la crueldad y las atrocidades que los nazis cometieron contra los judíos y de las que ella fue testigo. Con el cargo de "amiga de los judíos", la deportaron al campo de muerte de Auschwitz.[12]

- En Polonia, la familia Wolski escondió a muchos judíos en un refugio en un jardín bajo tierra en el lado no judío de la ciudad. Cuando descubrieron el lugar secreto, los nazis ejecutaron a todos los habitantes del refugio secreto, incluyendo a los rescatadores, la familia Wolski.[13]

Para responder a la pregunta de por qué estos valientes rescatadores pusieron en riesgo sus vidas llevando a cabo heroicos actos de bondad para salvar al pueblo judío, lo mejor es reflexionar en sus respuestas y compararlas con las de los criminales y con las de los que fueron rescatados cuando les preguntaban por qué hicieron lo que hicieron.

El criminal: "No lo hice exactamente como está descrito. Además, me forzaron a hacerlo, porque las órdenes hay que obedecerlas. En lo personal, no tengo nada en contra de los judíos y no soy responsable por mis hechos".[14]

El rescatador: "Por supuesto que lo hice y lo haría otra vez, si fuera necesario. Asumo la total responsabilidad por mis hechos. No me convencieron para que lo hiciera y nadie me obligó a hacerlo. Además, era lo más natural".[15]

El rescatado: Cuando al primo Leví le preguntaban lo que había significado para él el hecho de que un gentil justo lo hubiera rescatado, respondía: "A pesar del poco sentido que tenga tratar de especificar por qué yo, en vez de miles de otros, sobreviví la prueba, creo que en realidad fue gracias a Lorenzo que estoy vivo hoy; y no tanto por su ayuda material como por haberme recordado constantemente con su presencia, con su manera natural y sencilla de hacer lo bueno, que todavía existía un mundo justo fuera del nuestro, algo y alguien todavía puro e íntegro, que no se había corrompido ni convertido en un salvaje, enemigo del odio y del terror; algo difícil de definir, una posibilidad remota de que lo bueno existía, y por eso valía la pena sobrevivir. Gracias a Lorenzo, me las arreglé para no olvidar que yo también era un hombre".[16]

> ## ⋎ PIENSE en ESTO ⋎
>
> ¿Cuál fue el resultado de su sacrificio? El Talmud
> afirma: "Todo el que salva una vida es como
> si hubiera salvado al mundo entero".

LA MALDICIÓN PROFÉTICA

A los que te maldijeren maldeciré (Génesis 12:3).

Dietrich Bonhoeffer afirmó: "El silencio frente a la maldad es la maldad misma; Dios no nos dejará sin culpa. No hablar es hablar. No actuar es actuar". Nuestra generación domina muy bien el arte de mirar para otro lado cuando la maldad presenta su rostro de terror y muerte. El profeta Abdías describe claramente las consecuencias de cualquier maltrato hacia Israel:

> *Porque cercano está el día de Jehová sobre todas las naciones; como tú hiciste se hará contigo; tu recompensa volverá sobre tu cabeza. De la manera que vosotros bebisteis en mi santo monte, beberán continuamente todas las naciones; beberán, y engullirán, y serán como si no hubieran sido (Abdías 1:15–16).*

Muy pocos cristianos modernos están conscientes del horror que ha vivido el pueblo judío a través de los siglos inmediatamente después de la crucifixión de Cristo. He detallado gran parte de la historia atroz en mi libro *En defensa de Israel*; sin embargo, me referiré brevemente a algunos incidentes que la historia ha registrado.[17]

En el año 70 después de Cristo, cuatro décadas después de la crucifixión de Jesús, el ejército romano, bajo el liderazgo de Tito, rodeó a la ciudad de Jerusalén y no permitió que nadie saliera o entrara. El historiador Josefo describió las horribles condiciones, destacando que hubo una hambruna tan grande que un millón de judíos murieron.

Después del sitio de Jerusalén, setenta mil hombres judíos fueron llevados como esclavos a Italia para construir el coliseo romano donde los cristianos más tarde serían martirizados. Este fue el inicio de lo que en la historia se conoce como la *Diáspora*, el esparcimiento del pueblo judío por todas las naciones del mundo.

Luego vino el furibundo antisemita Juan Crisóstomo, líder de la iglesia romana durante el siglo cuarto. Crisóstomo fue el autor de ocho homilías que incitaban al odio hacia los judíos llamándolos "los asesinos de Cristo". Esta marca ha seguido a los judíos desde entonces. De hecho, he escuchado con mis propios oídos a personas que todavía se refieren al pueblo judío con este malicioso y calumnioso título.

Hubo nueve campañas que se conocen como las cruzadas, que tuvieron lugar desde el año 1096 hasta 1272. Los cruzados, en su ruta por Europa para liberar a la Tierra Santa de los "infieles", masacraron comunidades judías enteras que sumaron más de decenas de miles. Los primeros cruzados que entraron a Jerusalén rodearon a más de novecientos hombres, mujeres y niños en la sinagoga local, le prendieron fuego y marcharon alrededor de la sinagoga cantando "Cristo, te adoramos" mientras los judíos en la sinagoga se quemaban vivos.[18]

El primer tribunal, que comúnmente se conoce como

la Inquisición Española, se celebró en 1480 y miles de judíos fueron quemados vivos en la hoguera por aquellos que llevaban la señal de la cruz en sus lanzas. Se imprimieron manuales para ayudar a los españoles a identificar a las familias judías con el objetivo de echarlas de España. El rey Fernando y la reina Isabel habían emitido el Edicto de Expulsión en 1492, que declaraba que en un día determinado todos los judíos de España iban a ser echados o asesinados. Para evitar el genocidio, padres judíos desesperados dieron sus hijos a familias cristianas que prometieron criarlos como si fueran de ellos.

La edad dorada de España terminó porque Dios había hecho una promesa profética: "A los que te maldijeren maldeciré". En la actualidad una ola de radicales islámicos ha invadido a España con el propósito de destruir a este país. El Centro de Asuntos Públicos de Israel ha publicado recientemente esta cita de al-Qaeda: "Al-Qaeda: la próxima meta es liberar a España de los infieles".[19]

Un resultado histórico similar ha tenido lugar en el Imperio Británico. Derek Prince, quien fue no solo mi amigo sino también mi mentor, me condujo en un recorrido a lo largo de las Escrituras y de los hechos históricos que atestiguan los juicios de Dios sobre las naciones o los individuos que han maldecido al pueblo de Israel:

Gran Bretaña emergió victoriosa de dos guerras mundiales, manteniendo intacto un imperio que tal vez era el más grande en la historia de la humanidad. En aquel tiempo se solía decir: "el sol nunca se oculta en el imperio británico".

Pero en 1947–48, cuando el presidente británico

entregó el poder a lo que en aquel entonces se conocía como Palestina, Gran Bretaña se opuso e intentó frustrar el renacimiento de Israel como nación soberana con su propio estado. Ya que estaba viviendo en Jerusalén durante todo aquel período, como testigo presencial puedo relatar lo que ocurrió en realidad.

Desde aquel mismo momento de la historia, el imperio británico comenzó un proceso de descenso y desintegración tan rápido y total que no hubo factores económicos, militares o políticos relevantes que lo pudieran justificar. En la actualidad, a menos de una generación de aquello, Gran Bretaña—así como España—es un poder de segunda categoría en aprietos.[20]

El profeta Isaías escribió: "Porque la nación o el reino que no te sirviere (a Israel) perecerá, y del todo será asolado" (Isaías 60:12).

Las páginas de la historia mundial son testigos de ese hecho: todas las naciones o los imperios que han perseguido o que han tratado de destruir al pueblo judío o que han intentado apoderarse de la tierra de Israel, Dios las ha maldecido.

¿Qué queda de esas naciones? ¿Dónde está Faraón y su poderoso ejército? ¿Dónde están los babilonios? ¿Dónde están los asirios? ¿Dónde está el imperio otomano? ¿Dónde está ese lunático de Adolfo Hitler y sus hordas nazis? Es como si nunca hubieran existido; ¡yacen enterrados en el cementerio de la historia de la humanidad![21]

Entonces...	Ahora...
El imperio egipcio... *no está*	Egipto: bajo el liderazgo de la Hermandad Islámica
Los filisteos... *no están*	Gaza: Bajo el control de Hamas (Movimiento de Resistencia Islámico)
El imperio asirio... *no está*	No existe, "como si nunca hubieran sido" (Abdías 1:16)
El imperio babilónico... *no está*	Iraq: bajo el control de cuatro partidos políticos en guerra: 1. Partido nacionalista secular 2. Partido musulmán chií 3. Partido musulmán suní 4. Partido kurdo
El imperio pérsico... *no está*	Irán: bajo el liderazgo del ayatolá Jomeini y del presidente Mahmoud Ahmadinejad, quien ha jurado "borrar a Israel del mapa". "Han dicho: Venid, y destruyámoslos para que no sean nación, y no haya más memoria del nombre de Israel" (Salmo 83:4).
El imperio griego... *no está*	Grecia: lista para declararse en bancarrota nacional[22]
El imperio romano... *no está*	No existe
El imperio bizantino... *no está*	No existe

Entonces...	Ahora...
El imperio español... *no está*	España: sorprendida por el islamismo radical[23]
Alemania nazi...*no está*	los neonazis van en aumento[24]

¿Dónde están Israel y el pueblo judío? Están vivos y bien, floreciendo y prosperando en la tierra del pacto tal como Dios prometió a Abraham, Isaac y Jacob en la bendición profética, escrita y registrada para toda la eternidad en el libro de Génesis.

¿Qué posición ha adoptado Estados Unidos con respecto a Israel? ¿Estamos nosotros maldiciendo o bendiciendo a la niña de los ojos de Dios? ¿Se añadirá el nombre de los Estados Unidos a la lista de las naciones maldecidas? ¡Es nuestra obligación, como estadounidenses que creemos en la Biblia, impedir que cualquier grupo, partido político o administración conduzca a nuestra nación a un camino de destrucción segura! O nos mantenemos al lado de Israel, o nosotros también sufriremos el mismo destino de aquellos que se han puesto en su contra.

ISRAEL BENDECIRÁ

Y serás bendición...
Y serán benditas en ti todas las familias de la tierra
(Génesis 12:2–3).

En el primer capítulo, cite algunas estadísticas asombrosas con respecto a los éxitos del pueblo judío, que solo representa el .0021 porciento de toda la población mundial. ¡Vale la pena repetirlo! Estos logros son una prueba documental de que las bendiciones proféticas y los pactos de Dios nunca se anularán.

En el libro *La edad dorada del logro judío*, Steven Pease compiló un catálogo exhaustivo de las contribuciones de los judíos a la humanidad. Solo con mirar el índice de contenidos se sentirá asombrado. ¿Cómo pueden tan pocos hacer tanto en todas las áreas que el hombre conoce: en la ciencia, los inventos, la educación, la economía, la política, los deportes, las artes escénicas, la radio y la televisión, los negocios...? ¡Y las categorías continúan!

Si eligiera solo el campo de la ciencia y relatara los numerosos avances en la medicina que han salvado a millones y millones de vidas, solamente eso da cumplimiento al pasaje profético: "Y serán benditas en ti todas las familias de la tierra".

¡Dios hizo una lista de los logros que alcanzaría su pueblo escogido, siglos antes de que sucedieran! Usted la puede leer en Deuteronomio 28:2–6. Comienza así: "Y vendrán sobre ti todas estas bendiciones, y te alcanzarán, si oyeres la voz de Jehová tu Dios":

1. *"Bendito serás tú en la ciudad"*: Forbes 400 nombró a los veinticinco promotores inmobiliarios más famosos del mundo: dieciocho de los veinticinco son judíos.[25]

2. *"Bendito tú en el campo"*: A pesar de que la mitad de su tierra es desértica, Israel produce el 95 por ciento de los productos alimenticios de su país.[26]

3. *"Bendito el fruto de tu vientre"*: Un cuarto de las personas que han recibido el Premio Nobel son judíos.[27]

4. *"El fruto de tu tierra, el fruto de tus bestias, la cría de tus vacas y los rebaños de tus ovejas"*: Las vacas de Israel, de una raza altamente productora y resistente a las enfermedades, producen la mayor cantidad de leche en el mundo.[28]

5. *"Benditas serán tu canasta y tu artesa de amasar"*: Israel cultiva sus propios granos, frutas y vegetales, en un país del tamaño de Rhode Island.[29]

6. *"Bendito serás en tu entrar, y bendito en tu salir"*: Dios bendijo a la simiente de Abraham cuando entraron a la tierra y continuará haciéndolo hasta que el Mesías regrese.

ORAR POR LA PAZ DE JERUSALÉN

En el Salmo 122:6–7, el rey David ordenó a todos los creyentes: "Pedid por la paz de Jerusalén; sean prosperados los que te aman. Sea la paz dentro de tus muros, y el descanso dentro de tus palacios".

Considere las bendiciones que vienen a un cristiano que honra este mandato de orar por la paz de Jerusalén. Aquí, una vez más, la Palabra resuena: "Sean prosperados los que te aman". Esa prosperidad es una prosperidad *personal*, tal como la recibió Abraham. Permítame citar otra vez a mi querido amigo Derek Prince, quien fue un amante y defensor de Israel:

Daniel ofrece un desafiante patrón en las Escrituras de esta clase de oración, quien se propuso orar tres veces al día con la ventana abierta hacia Jerusalén. Las oraciones de Daniel perturbaron tanto a Satanás y amenazaron de tal manera su reino que usó la envidia de hombres malvados para provocar un cambio en las leyes de todo el imperio persa para lograr que las oraciones de Daniel fueran ilegales. Por otra parte, orar por Jerusalén significaba tanto para Daniel que prefirió que lo echaran al foso de los leones en vez de dejar de orar por la paz de Jerusalén.[30]

El poder de la bendición profética concluye con las palabras: "Sea la paz dentro de tus muros, y el descanso dentro de tus palacios".

Este es el camino hacia la prosperidad que muestran las Escrituras, no solo en el sentido financiero o material, sino en la seguridad absoluta del favor, la provisión y la protección de Dios. La historia registra que si Israel está en paz, el mundo está en paz. Si Jerusalén está en guerra, el mundo está en guerra.

Mientras escribo estas palabras, vientos de guerra soplan sobre el Oriente Medio. Si a Irán se le permite convertirse en una nación nuclear, Israel estará en guerra y esta guerra involucrará a todo el planeta. El asunto es, cuando usted ora por la paz de Jerusalén, está orando por la paz en Estados Unidos, en Europa, en Canadá, o en cualquiera que sea la nación donde vive.

⋎ PIENSE EN ESTO ⋎

La paz mundial comienza con la paz en Jerusalén. Esa no es mi opinión personal; es la opinión de Dios: "Por amor de Sion (Israel) no callaré, y por amor de Jerusalén no descansaré" (Isaías 62:1).

MI LLAMADO A BENDECIR

Diana y yo fuimos a Israel por primera vez en el verano de 1978, ¡sin saber que este viaje cambiaría nuestras vidas y las vidas de nuestros hijos y nietos para siempre! Mientras caminaba por las calles adoquinadas de Jerusalén, sentí allí una presencia muy especial, una presencia que no he sentido en ningún otro lugar.

Jerusalén es una ciudad única en el mundo. El salmista la llamó "ciudad de Dios" (Salmo 87:3). Fue allí donde Abraham llevó a Isaac al monte para ofrecérselo a Dios; esta es la ciudad donde Jeremías e Isaías escribieron principios de justicia que se convertirían en la brújula moral para la civilización occidental.

Jerusalén es el lugar donde Jesucristo llevó la cruz a cuestas al Calvario para morir por los pecados del mundo. Esta es la ciudad desde donde Jesucristo gobernará al mundo en un reino eterno con vara de hierro y ese reino no tendrá fin. Es la ciudad donde reyes, reinas, primeros ministros y presidentes harán fila para arrodillarse a los pies de Jesucristo, para que "se doble toda rodilla...y toda lengua confiese que Jesucristo es el Señor, para gloria de Dios Padre" (Filipenses 2:10–11).

Mientras caminaba por las pisadas de Jesús, caminé hasta el Muro Occidental y comencé a hacer lo que se ha convertido en el objetivo principal de mis treinta viajes a Israel: orar al Dios de Abraham, Isaac y Jacob en la tierra santa donde un rabí, Jesús de Nazaret, caminó una vez con sus doce discípulos.

Mientras oraba, miré por encima de mi hombro izquierdo y vi a un rabí sentado, envuelto en su manto de oración, que oraba fervorosamente, balanceándose hacia atrás y hacia adelante mientras leía y besaba el Torá. Mientras lo observaba, sentí que el Señor me dijo: *Ese hombre es tu hermano espiritual y no sabes nada de él. Él tiene terror de ti. Quiero que hagas todo lo que esté a tu alcance para unir a los judíos y a los cristianos en una atmósfera de amor y respeto mutuo por el resto de tu vida.*

¡Me sentí sorprendido!

A veces, cuando comenzamos a hablar con Dios, Él nos dice cosas que no están en nuestra agenda. Saqué mi lista de oración del bolsillo para reenfocarme en la *verdadera razón* por la que estaba allí. No estaba listo para que mi vida tan bien ordenada se virara al revés por un mandato divino del cielo.

Mientras trataba de orar por los motivos que tenía en mi lista, continuó viniendo a mi mente el pensamiento de que continuar orando por lo que ya sabía que era la voluntad de Dios era, de hecho, rebelarse contra Dios. Jesús dijo: "Ustedes son mis amigos si hacen lo que yo les mando" (Juan 15:14).

Al alejarme del Muro Occidental, empecé a buscar a Diana, que estaba orando en la sección para mujeres del Muro. Por un instante pensé: *¿Debo decirle lo que acaba de suceder o debo esperar hasta más tarde?* Diana es el amor de mi vida, la compañera de mi alma; no puedo ocultarle nada. Me conoce demasiado bien. La vi venir hacia mí con una radiante y brillante sonrisa en su rostro latino y pensé: *Está feliz, así que puedo decírselo ahora.*

Le conté mi experiencia y me miró con incredulidad y me preguntó: "¿Cómo vas a hacer eso? Los cristianos y los judíos han estado luchando unos contra otros durante más de dos mil años ¿y tú piensas que puedes detener eso?".

Mientras sentía como se me erizaba la piel, respondí estruendosamente: "No creo que se supone que yo detenga nada. Sí creo que el Señor simplemente *me llamó* para comenzar a alcanzar la comunidad judía y expresar nuestra deuda de gratitud por las contribuciones que han hecho al cristianismo y al mundo. No sé por dónde empezar; no conozco personalmente ni a un rabí en nuestra ciudad y ¡no conozco a nadie en ningún lugar que esté haciendo algo a favor de Israel! ¡Solo sé que se supone que debo intentarlo!".

Diana respondió: "Oh, muy bien. Bueno, ¡vayamos de compras!". A mi esposa le encanta ir de compras; va de compras como si fuera a una misión de parte de Dios para salvar al mundo. Minutos más tarde estábamos en una tienda judía de antigüedades llamada el Arpa de David. Vi un manto de oración como el que tenía el hombre que estaba orando en el Muro. Lo compré y ¡más tarde me di cuenta de que el mismo Dios lo había diseñado (Números 15:37–41)!

Mientras Diana llenaba su cesta como si estuviera recogiendo pan y peces en el milagro de Jesús, doblé la esquina y me sentí feliz cuando me di cuenta de que estaba cara a cara con mi obsesión: ¡libros! ¡Soy un fanático de los libros! Puedo pasar horas en una librería. Tengo una biblioteca que tiene más de cinco mil volúmenes, la mayoría de los cuales he leído y treinta y dos que he escrito.

Luego de unos minutos había comprado muchos libros que trataban acerca de la historia de Israel, las Cruzadas y la Inquisición Española. Vi libros en el estante que nunca antes había visto, libros acerca de la cosecha de odio que produjo el Holocausto, acerca del renacimiento de Israel en 1948 y el regreso de los exiliados desde todas partes del mundo para dar cumplimiento a las palabras de los profetas del Antiguo Testamento. Compré todos los que Diana y yo podíamos llevar.

Regresamos a nuestra casa en San Antonio y empecé a devorar los contenidos. En aquel momento de mi vida, tenía entrenamiento en un seminario y dos títulos de humanidades otorgados por prestigiosas universidades, sin embargo, descubrí que no sabía absolutamente nada sobre lo que se había escrito del pueblo judío después de las epístolas de Pablo.

Me impactó descubrir que, en sus últimos años, Martín Lutero escribió uno de los documentos más antisemitas de la historia, llamado "Con respecto a los judíos y a sus mentiras". Su contenido era tan repugnante y despiadado que me deprimí. ¿Cómo pudo el hombre que empezó la Reforma ser un antisemita tan despiadado? Puse el libro a un lado y pensé en quemarlo. En su época, Hitler había reimpreso el libro de Lutero y lo había usado como propaganda contra los judíos en su Tercer Reich, lo cual fue la llama que encendió las cámaras de gas.

En los siguientes tres años, consumí todos los volúmenes de literatura seria acerca del pueblo judío y de la historia de la tierra de Israel. Comencé a juntar las piezas de incidentes ocurridos durante mi infancia, como aquel día en 1948 cuando mi padre estaba sentado en nuestra pequeña cocina pegado a la radio escuchando las noticias acerca de la proclamación de Israel como estado. Recuerdo a mi padre diciéndole a la familia que con el renacimiento de

Israel se cumplía la profecía de Isaías 66:8: "¿Quién oyó cosa semejante? ¿Quién vio tal cosa? ¿Concebirá la tierra en un día? ¿Nacerá una nación de una vez? Pues en cuanto Sion estuvo de parto, dio a luz sus hijos."

Empecé a enseñarles a los miembros de la Iglesia Cornerstone las razones bíblicas por las cuales cada cristiano debe levantarse y alzar la voz a favor de Israel y del pueblo judío (Isaías 62:1). Estudié los misterios del manto de oración y mi congregación se quedaba asombrada a medida que les enseñaba que estaba lleno de significado espiritual para los cristianos (Números 15:37–41).

Habían pasado treinta y seis meses. Me había educado en un tema sobre el que había y todavía hay una ignorancia global con respecto a Israel y a las siniestras fuerzas del antisemitismo que fluyen como una corriente subterránea envenenada, que no se ve ni se puede detectar. Cada varias décadas esta corriente tóxica se inflama y se convierte en un río de muerte y destrucción.

Pero todavía no sabía qué hacer con la riqueza de información que había consumido.

¡Entonces sucedió!

El 7 de junio de 1981 me senté para escuchar las noticias vespertinas y supe que, durante un ataque aéreo sorpresivo llamado "Operación Babilonia", las Fuerzas de Defensa de Israel habían destruido el reactor nuclear en Iraq, quitando por tanto esa fuerza mortal de las manos de un hombre loco, Saddam Hussein. ¡Era maravilloso!

—¡Diana, ven a escuchar esto!

—¿Qué pasó?—preguntó.

—Dios bendiga a las Fuerzas de Defensa de Israel y a su

Primer Ministro Menachem Begin. ¡Israel ha borrado de la faz de la tierra la planta nuclear de Osiris!

Continuamos escuchando y nos dimos cuenta de que los medios de prensa liberales estaban muy disgustados con Israel. Durante los días siguientes, los gurús que decían *"Es culpa de Israel"* se ensañaron contra Israel con uñas y dientes. Yo sentía que debíamos felicitar a Israel y al pueblo judío, no condenarlos.

¡Entonces tuve una idea!

—¡Diana, esto es lo que hemos estado esperando! ¡Vamos a tener un evento en toda la ciudad llamado 'La noche para honrar a Israel'! Invitaremos a todos los pastores de la ciudad. Llevaremos nuestro coro, nuestra orquesta, nuestras cámaras de televisión y les mostraremos a Estados Unidos esta celebración en honor a Israel.

Mientras agarraba el cuaderno de notas y empezaba a escribir todas mis ideas, Diana dijo muy calmada:— ¿No crees que debes preguntarle a la Comunidad Judía si quieren hacer esto?

—¡Es una buena idea!—me calmé y empecé a pensar. ¿A quién contactaré? Enseguida averigüé acerca de la Federación Judía que aprueba todas las cosas kosher y las coloca en las páginas sagradas del calendario de la comunidad.

Fui a la Federación al día siguiente y le dije al director ejecutivo que quería conducir una reunión que abarcara toda la ciudad llamada "Noche para honrar a Israel". Me miró como si tuviera un sarpullido contagioso. Entonces me di cuenta: *Esto no va a ser fácil. ¡No creo que Dios les haya enviado a ellos el mismo memo que me envió a mí!*

Cuando los judíos enfrentan algo nuevo comienzan a tener una serie de apasionadas reuniones de la comunidad.

Por primera vez experimenté el significado del dicho: "Donde hay dos judíos, hay tres opiniones".

Después de muchas acaloradas reuniones de la comunidad, el rabí Arnold Scheinberg de la Sinagoga Rodfei Shalom arriesgó su nombre y reputación al sugerir: "Tal vez este hombre es un amigo". Aquella noche la comunidad judía de San Antonio cruzó un puente que cambió el curso de la historia.

Enseguida que el rabí Scheinberg y yo aparecimos en el periódico local anunciando el evento, comenzaron a llover las amenazas de muerte. A los pocos días, dispararon a las ventanas de mi carro en frente de nuestra casa. No obstante, el 10 de septiembre de 1981, Dios dio vida a la primera "Noche para honrar a Israel". Treinta años atrás no nos habríamos imaginado que, a través de Cristianos Unidos por Israel (CUFI), celebraríamos más de cuarenta y cinco eventos proIsrael por mes en todo Estados Unidos.[31] Si usted no es miembro de CUFI, lo exhorto a unirse hoy entrando al sitio www.CUFI.org.

Tomando como lema lo que dice San Pablo en Romanos 15:27, Ministerios John Hagee ha donado, gracias a socios generosos, más de $70 millones a causas humanitarias en todo Israel.

⌄PIENSE EN ESTO⌄

¡La bendición es personal! Dios nos manda a bendecir al pueblo judío y promete bendiciones personales a aquellos que lo obedecen.

Nunca olvidaré el domingo cuando el Dr. W. A. Criswell visitó la Iglesia Cornerstone y declaró la bendición profética sobre Diana y sobre mí. ¿Qué uniría al pastor principal de la Primera Iglesia Bautista de Dallas, un gigante entre los cristianos evangélicos durante más de cincuenta años, con un carismático? ¡Israel!

Diana y yo nos arrodillamos delante de este hombre de Dios mientras él colocaba las manos sobre nosotros para declarar: "Conozco por experiencia que las bendiciones que me han seguido todos los días de mi vida son el resultado de bendecir a Israel y sé que las bendiciones que vendrán sobre usted y sobre su simiente serán el resultado de su amor por el pueblo judío". ¡Cuán cierto!

Puedo afirmar sin lugar a dudas que el Señor ha permanecido fiel a la bendición abrahámica, porque ha bendecido ricamente mi vida y la vida de los miembros de mi familia. Hemos sido bendecidos en nuestras riquezas, hemos prosperado mucho más de lo que creíamos posible, nuestro ministerio ha florecido, tenemos relaciones muy valiosas, ¡el favor de Dios nos ha inundado! No hemos vivido sin aflicciones, pero el Dios Todopoderoso nos ha librado de todas ellas.

Nosotros escuchamos *el llamado*; hemos obedecido a su mandato y Dios ha sido fiel en hacer lo que dijo que haría.

No hay ningún secreto especial para recibir la bendición del Señor mucho más de lo que usted es capaz de pedir o imaginar. La clave es encontrar lo que Dios quiere que haga…¡y hacerlo! El mensaje claro de Dios, que comienza en Génesis 12 y continúa hasta las últimas páginas del Apocalipsis, es bendecir a Israel y ver cómo el poder de la bendición profética explota en su vida.

¿Cuál es el secreto del crecimiento numérico y espiritual y del alcance evangélico mundial de la Iglesia Cornerstone? No hay suficientes páginas en este libro para contar las bendiciones que Dios ha derramado sobre nuestra congregación. Hemos recibido bendición por nuestra obediencia voluntaria a la Palabra de Dios al bendecir al pueblo judío y a Israel. Invito a los escépticos a probar; ¡espere y vea cómo las bendiciones de Dios explotan en su vida espiritual, profesional y personal!

˅ PIENSE EN ESTO ˅

Las bendiciones de Dios no se miden por lo que hacemos nosotros, ¡se miden por lo que Él es!

Capítulo seis

LAS BENDICIONES CUMPLIDAS

Todos éstos fueron las doce tribus de Israel, y
esto fue lo que su padre les dijo, al bendecirlos;
a cada uno por su bendición los bendijo.

—Génesis 49:28

José camina por los sólidos peldaños de mármol que conducen al espléndido palacio que llama hogar. Como monarca reinante en Egipto, segundo después de Faraón, José tiene el poder de la vida y de la muerte, pero hoy se va a inclinar humildemente delante de su anciano padre, Jacob, para recibir la bendición profética.

José sostiene las manos de sus dos hijos nacidos en Egipto, Efraín y Manasés. Con mucho respeto, los esclavos abren las altísimas puertas del palacio, permitiendo que los tres entren en el largo corredor lleno de imágenes de piedra pulida de los dioses impotentes de Egipto. José y sus hijos caminan en la grandiosa habitación adornada con telas azules reales sujetadas con cadenas de oro.

En el centro de la habitación se sienta el mensajero que Dios ha designado para que declare la bendición profética, un hombre cuyas palabras están a punto de determinar el futuro de Israel, Jacob el patriarca. El amado padre de José está viviendo sus últimos momentos cuando imparte la bendición profética sobre sus dos nietos y sus doce hijos. Cada uno comparecerá delante de él con temor y temblor, porque sus palabras, inspiradas por el Espíritu Santo, determinarán el futuro de cada hombre.

Es la silla del juicio de Jacob.

LA BENDICIÓN PROFÉTICA DECLARADA SOBRE EFRAÍN Y MANASÉS

Y vio Israel los hijos de José, y dijo: ¿Quiénes son éstos? Y respondió José a su padre: Son mis hijos, que Dios me ha dado aquí. Y él dijo: Acércalos ahora a mí, y los bendeciré" (Génesis 48:8-9).

La bendición profética de Efraín y Manasés, que les dio su abuelo Jacob, es una de las bendiciones más sagradas de las Escrituras.

Efraín y Manasés tenían aproximadamente diecisiete años y habían nacido antes de que Jacob viniera a Egipto. Se convertirían en dos tribus separadas de Israel, una bendición doble por su padre, José, quien había salvado al mundo civilizado de morir de hambre con su don de revelación acerca de los siete años de abundancia y los siete años de hambre en Egipto.

A pesar de que Efraín y Manasés se convertirían en

tribus, Israel, como nación, continuaría teniendo solo doce tribus porque la tribu de Leví "no era dueña de tierra" y de generación en generación serviría a la nación de Israel como sacerdotes con respecto a los asuntos espirituales. Más adelante, Moisés explica mejor el propósito de la tribu de Leví en Números capítulo 3.

Dios mismo apartó a la tribu de Leví para que realizara el servicio santo en el tabernáculo del desierto y en el Templo (Números 18). ¿Por qué Dios los apartó? Esa pregunta la respondió en Números 3:11-13:

Habló además Jehová a Moisés, diciendo: He aquí, yo he tomado a los levitas de entre los hijos de Israel en lugar de todos los primogénitos, los primeros nacidos entre los hijos de Israel; serán, pues, míos los levitas. Porque mío es todo primogénito; desde el día en que yo hice morir a todos los primogénitos en la tierra de Egipto, santifiqué para mí a todos los primogénitos en Israel, así de hombres como de animales; míos serán. Yo Jehová.

La bendición profética que Jacob declara sobre sus doce hijos explica que los descendientes de Leví serían esparcidos por todo Israel y no serían contados como tribu. Los levitas se convertirían en sacerdotes y no se le daría tierra.

Jacob le pregunta a José: "¿Quiénes son estos?" refiriéndose a los dos hijos de José. Las Escrituras nos dicen que Jacob tenía la vista escasa debido a su edad (Génesis 48:10), no obstante, en el siguiente versículo afirma claramente: "¡Dios me ha hecho ver también a tu descendencia!". Jacob está revelando que, a pesar de que su vista natural es muy escasa como para ver a sus dos nietos, el Espíritu Santo le ha dado la revelación de su futuro para los siglos venideros.

Lo que hace Jacob cuando sus nietos se paran delante de él es un modelo generacional para cada padre y abuelo que desea transmitir el poder de la bendición a la siguiente generación: "[Jacob] les besó y les abrazó" (Génesis 48:10).

Antes de esto, un abuelo anciano (Jacob) le había dicho a uno de los hombres más poderosos de la tierra, su hijo José, que los "acercara para bendecirlos". Esto es una demostración perfecta de autoridad espiritual en práctica en tres generaciones. Tristemente, ha habido una completa crisis de autoridad espiritual en los hogares estadounidenses. Durante mis viajes alrededor del mundo he descubierto que mientras más lejos estoy de los Estados Unidos, más respetuosos son los hijos.

De modo que tengo esta pregunta para todos los padres que leen este libro: ¿Con qué frecuencia besa y abraza a sus hijos o a sus nietos?

Cuando mis cinco hijos vivieron en casa con nosotros, esto era algo que hacía cada día. Un día mi hijo mayor, Christopher, que estaba en la secundaria en aquel entonces, salió de la casa sin su beso y abrazo de buenos días.

Me subí al carro y manejé una cuadra hasta donde estaba esperando el bus escolar con aproximadamente diez de sus amigos. Detuve el carro, me bajé y caminé hacia Chris.

Mi padre nunca me abrazó ni me besó; simplemente no era algo que hicieran los hombres. Sin embargo, mi madre te abrazaba y te transportaba a otro mundo. Mis instintos de abrazar vienen de ella.

Chris me vio bajar del carro y se dio cuenta de lo que estaba a punto de suceder. Lanzó sus libros al piso y comenzó a correr calle abajo gritando: "¡No! ¡No! ¡No!" Sabía que él no quería un espectáculo público de afecto en frente de sus amigos de la escuela, pero de todos modos lo seguí.

Mientras corría por la acera gritando, una mujer salió de su casa en bata de dormir y con suficientes rulos de metal en el cabello como para hacer el ancla de un bote. Se paró en el portal, me apuntó con el dedo y me gritó: "¡Deténgase o llamo a la policía!". Le grité con voz clara y firme: "¡Señora, solo estoy tratando de darle a mi hijo un beso de despedida!".

En aquellos días, podía correr más que Chris con mi traje dominical. Lo agarré, lo abracé y lo besé, regresé a mi carro y manejé de regreso mientras escuchaba los vítores de sus amigos.

¡Fue un gran día!

Jacob, el patriarca, abrazó y besó a los suyos... ¿por qué no hacerlo nosotros?

Jacob se prepara para impartir la bendición profética sobrenatural sobre Manasés y Efraín, la siguiente generación. Recuerde, el derecho del primogénito por nacimiento es recibir la mayor bendición.

Según la tradición, Jacob debía colocar la mano derecha sobre el primogénito porque la mano derecha en la Biblia es la posición de poder. Jesús está a la diestra de Dios, la posición de poder y prominencia (Hechos 7:55). Así como Jesús describió las naciones ovejas y cabras en Mateo

25, las ovejas están a la mano derecha y los cabritos a la izquierda (v. 33).

Las Escrituras describen detalladamente la bendición que Jacob les dio a Efraín y a Manasés, ya que Dios estaba estableciendo un principio divino que se llevaría a cabo en la cruz de Cristo. Es el misterio de la bendición de las manos cruzadas.

Y los tomó José a ambos, Efraín a su derecha, a la izquierda de Israel, y Manasés a su izquierda, a la derecha de Israel; y los acercó a él (Génesis 48:13).

Imagine la escena en el teatro de su mente. José acerca al primogénito, Manasés, a la mano derecha de Jacob, la mano de poder y de la bendición superior. Está trayendo a Efraín, el segundo, a la mano izquierda de Jacob, como era la costumbre que el segundo recibiera la menor bendición.

Pero entonces Jacob sorprende a José cruzando sus manos sobre las cabezas de Manasés y de Efraín. Jacob coloca su mano derecha sobre Efraín, el segundo, y su mano izquierda sobre Manasés, el primogénito. Génesis 48:17–19 narra el histórico drama:

Pero viendo José que su padre ponía la mano derecha sobre la cabeza de Efraín, le causó esto disgusto; y asió la mano de su padre, para cambiarla de la cabeza de Efraín a la cabeza de Manasés. Y dijo José a su padre: No así, padre mío, porque éste es el primogénito; pon tu mano derecha sobre su cabeza. Mas su padre no quiso, y dijo: Lo sé, hijo mío, lo sé; también él vendrá a ser un pueblo, y será también engrandecido; pero su hermano menor será más grande que él, y su descendencia formará multitud de naciones.

LA BENDICIÓN PROFÉTICA DE JACOB CUMPLIDA

Como era la intención del Espíritu Santo, Efraín, el menor, recibió la mano derecha de la bendición, que era la mayor bendición. Efraín se convirtió en líder sobre Manasés. Más tarde en la historia de Israel ambos marcharon bajo el estandarte de Efraín a través del desierto, como se describe en el libro de Números.

La tribu de Efraín produjo una serie de grandes líderes, incluyendo a Josué, quien guió a Israel cuando murió Moisés. La mano derecha de la bendición cambió el curso de la historia de Israel y también dirigió las vidas de Manasés y Efraín. Dios es soberano; no está restringido a las costumbres o tradiciones de los hombres. Mire la herencia ministerial de la familia Hagee a través del segundo hijo.

El John Hagee original, quien vino a Estados Unidos desde Alemania antes de que la Constitución de Estados Unidos se firmara, era un moravo que estaba en busca de libertad religiosa. Desde la llegada original de los Hagee a Estados Unidos, cuarenta y ocho descendientes de la familia han predicado el evangelio todos los días de su vida adulta. Yo soy el número cuarenta y siete y mi hijo Matthew es el número cuarenta y ocho.

Con relación a la bendición de las manos cruzadas, durante más de cien años en nuestra familia ha sido el segundo hijo del segundo hijo quien ha servido en el ministerio. Mi abuelo, John Christopher Hagee, fue el segundo hijo nacido a un segundo hijo. Mi padre, William

Bythel Hagee, fue el segundo hijo de John Christopher Hagee. Yo, John Charles Hagee, soy el segundo hijo de William Bythel Hagee. Matthew Charles Hagee es mi segundo hijo y tiene dos hijos, John William and Joel Charles. ¿Será el futuro como ha sido el pasado?

LOS DOCE HIJOS DE JACOB

Y llamó Jacob a sus hijos, y dijo: Juntaos, y os declararé lo que os ha de acontecer en los días venideros (Génesis 49:1).

Jacob, el hombre que luchó con Dios, sabe que está viviendo sus últimos días. Llama a sus doce hijos al lado de la cama para impartir la bendición profética sobre cada uno de ellos. Génesis 49 es tal vez uno de los pasajes de las Escrituras que más se pasa por alto. En él podemos encontrar una asombrosa obra de arte profética del futuro de Israel: de su pueblo, de la redención de Cristo y de su venida.

Jacob está sentado en el filo de la cama, con los pies en el piso, apoyado en su bastón (Hebreos 11:21). Los doce hijos de Jacob están en la habitación. Sus rostros están sombríos porque saben que su padre, un gigante espiritual que formó Abraham, Isaac y Jacob, está a punto de declarar su futuro como las doce tribus de Israel.

Jacob levanta sus ancianas manos y les hace señas a sus hijos para que se acerquen: "Juntaos, y os declararé lo que os ha de acontecer en *los días venideros*" (Génesis 49:1).

La frase los días venideros es una expresión escatológica que se refiere al "tiempo del fin" (Daniel 12:4, 9). Las palabras que habla Jacob bajo la unción del Espíritu

Santo moldearán el futuro de Israel hasta que el Mesías venga otra vez.

Los hijos rodean a Jacob a medida que los penetrantes ojos del patriarca atraviesan el velo de cada una de sus vidas para revelar las cosas ocultas...cosas por las que serán felicitados o castigados. Ciertamente es el trono del juicio de Jacob.

Esta escena es un tipo y una sombra del trono del juicio de Cristo donde, según el apóstol Pablo: "Porque es necesario que todos nosotros comparezcamos...para que cada uno reciba según lo que haya hecho mientras estaba en el cuerpo, sea bueno o sea malo" (2 Corintios 5:10). Nos pararemos delante de Jesucristo así como los doce hijos de Jacob se pararon delante de él. Nosotros también enfrentaremos un juicio final que determinará nuestra recompensa en el cielo.

Echemos un vistazo más detallado a uno de los más significativos eventos espirituales de las Escrituras. Escuchen a Jacob declarando la bendición profética sobre sus doce hijos:

Rubén

> *Rubén, tú eres mi primogénito,*
> *mi fortaleza, y el principio de mi vigor;*
> *Principal en dignidad, principal en poder*
> *(Génesis 49:3).*

Cuando Rubén escucha las primeras palabras de su padre, la expresión de ansiedad y preocupación se esfuma de su rostro; una confianza renovada le llena el corazón y el alma. Rubén se endereza y su rostro está radiante y expectante. Era el primer hijo de Jacob y Lea, ¡seguramente recibiría la mayor bendición!

Los pensamientos de Rubén corren: *Voy a obtener la porción doble; voy a obtener más que mis hermanos. ¡Mi simiente y yo vamos a ser los líderes de la familia durante las generaciones venideras!*

Jacob continúa hablando. "Mi fortaleza, y el principio de mi vigor; principal en dignidad, principal en poder" (Génesis 49:3).

¡El espíritu de Rubén ahora tiene alas celestiales! *Eso tiene que significar que voy a obtener el sacerdocio; la tierra llevará mi nombre.* Sin embargo, las siguientes palabras que salen de la boca de Jacob cortan a Rubén como una espada de dos filos.

El espíritu de Rubén se hace trizas en el suelo cuando escucha una declaración que su padre pronuncia y que lo abruma... "Impetuoso como las aguas, no serás el principal" (Génesis 49:4).

Todos los que están en la habitación se quedan boquiabiertos; el rostro de Rubén se torna lívido: *¿Impetuoso? ¿Como las aguas?* Los pensamientos le dan vueltas en la cabeza, haciendo que esté a punto de desvanecerse. El agua siempre toma el camino de menor resistencia, una característica que hace que los hombres y los ríos se tuerzan. El Espíritu Santo del Dios viviente que está hablando ahora a través de Jacob sabe que a Rubén le falta carácter, coraje y convicción para ser un líder entre las tribus.

"¡No serás el principal!". Estas palabras hacen eco en la mente de Rubén y su euforia se evapora como la neblina que barre el viento cálido. Dios y el Espíritu Santo tomaron una radiografía al alma de Rubén, Jacob simplemente

leyó el resultado. Esta proclamación profética ordenará el futuro de Rubén y el futuro de su familia hasta que el Mesías venga otra vez.

La bendición profética cumplida

Rubén so sobresalió en nada, su tribu nunca fue prominente en Israel. Ni uno de los jueces era rubenita. Rubén era la primera tribu en demandar su herencia y, sin tener en cuenta las consecuencias, precipitadamente escogió el lado incorrecto del Jordán. La tribu de Rubén fue la primera que los asirios llevaron a la cautividad (1 Crónicas 5:26).[1]

Sin embargo, lo peor para Rubén está aún por llegar. A pesar de que la vista de Jacob es escasa, su mirada cala a Rubén a medida que sus palabras anuncian una declaración mordaz sobre el pecado sexual sin confesar de su primogénito: "Por cuanto subiste al lecho de tu padre; entonces te envileciste, subiendo a mi estrado" (Génesis 49:4).

Cuarenta años atrás, Rubén fue a la cama de su padre Jacob y tuvo sexo con la concubina de Jacob, Bila. Había habido suficiente tiempo para confesar este grave pecado y recibir el perdón; pero, en cambio, Rubén prefirió esconder su acto de adulterio bajo la pretensión de que el pecado nunca ocurrió.

En este día, cuando todas las cosas escondidas están saliendo a la luz, Rubén cosecha lo que su alma ha cultivado. Esta proclamación profética sobre Rubén es una prueba histórica de que el pecado sin confesar nos alcanzará y todas nuestras esperanzas de lo que podría haber sucedido en el reino eterno se desvanecerán: "los quebrantarás con vara de hierro; como vasija de alfarero los desmenuzarás"

(Salmo 2:9). Si hay algún pecado escondido en su vida, *confiéselo ahora*. Nuestro amoroso Padre celestial está deseoso de perdonar, porque "si confesamos nuestros pecados, él es fiel y justo para perdonar nuestros pecados, y limpiarnos de toda maldad" (1 Juan 1:9).

Rubén se va al fondo de la habitación arrastrando los pies, con los hombros caídos y con las palabras de su padre todavía resonando en sus oídos: *"¡No serás el principal!"*.

Simeón y Leví

Los hermanos Simeón y Leví se acercaron al trono del juicio de Jacob. Ha llegado el momento de rendir cuentas por las cosas que han hecho en la vida. Debido al castigo verbal de Rubén, Simeón y Leví ya saben que este día de bendición profética se ha convertido en un día de juicios.

Los dos hermanos, hijos de Lea, se paran delante del patriarca, quien declara:

> *Simeón y Leví son hermanos;*
> *Armas de iniquidad sus armas (Génesis 49:5).*

Los dos hermanos, el segundo y el tercer hijo de Lea, se miran el uno al otro y recuerdan a su hermana Dina, a quien Siquem había violado. Siquem amaba a Dina y le pidió a su padre Hamor que pidiera su mano en matrimonio. La familia de Hamor ofreció dote, amistad y una propuesta de que los dos pueblos vivieran juntos en paz. Sin embargo, los hijos de Jacob se negaron, diciendo:

> *No podemos hacer esto de dar nuestra hermana a*
> *hombre incircunciso, porque entre nosotros es abomi-*
> *nación. Mas con esta condición os complaceremos: si*

habéis de ser como nosotros, que se circuncide entre vosotros todo varón. Entonces os daremos nuestras hijas, y tomaremos nosotros las vuestras; y habitaremos con vosotros, y seremos un pueblo. Mas si no nos prestareis oído para circuncidaros, tomaremos nuestra hija y nos iremos (Génesis 34:14-17).

Esto era una tremenda decepción, porque Simeón y Leví no tenían intención de darle a Dina a Siquem o de vivir en paz con los nativos. Por el contrario, los hermanos se confabularon para matarlos.

Los varones de Siquem estuvieron de acuerdo en circuncidarse para mostrar su sinceridad en el pacto matrimonial entre Dina y Siquem.

Tres días después de la circuncisión, cuando los hombres de Siquem tenían el mayor dolor, Simeón y Leví tomaron sus espadas y mataron a todos los varones de la ciudad. Mataron a Siquem y a su padre, se llevaron a Diana de su casa y se fueron (Génesis 34:25-26).

Robaron las ovejas y las vacas y los asnos y todas sus riquezas y todas sus mujeres y niños, tomando como botín todo lo que había en las casas (Génesis 34:28-29).

Fue un robo total a una escala inimaginable...y los dos líderes de la pandilla fueron Simeón y Leví.

Jacob mira a los dos hijos de Lea y los considera como uno solo: "Simeón y Leví son hermanos" (Génesis 49:5). Los dos hermanos se miran el uno al otro preguntándose cómo Jacob los juzgaría por Siquem después de tantos años. No tuvieron que esperar mucho.

Las siguientes palabras de Jacob se refieren a su conducta criminal: "Armas de iniquidad...

Porque en su furor mataron hombres, y en su
temeridad desjarretaron toros" (Génesis 49:5-6).

Su pecado, como el de Rubén, era de debilidad: su ira desenfrenada produjo un acto de asesinato masivo premeditado. La declaración profética de Jacob continúa: "Maldito su furor, que fue fiero; y su ira, que fue dura. Yo los apartaré en Jacob, y los esparciré en Israel" (Génesis 49:7).

La bendición profética cumplida

La herencia de la tierra que pertenecía a Simeón se incluyó en la parte que correspondía a la tribu de Judá (Josué 19:9). Con el tiempo, su tribu se dispersaría a lo largo de todo Israel entre las tribus de Efraín, Manasés y Neftalí (2 Crónicas 34:6). Incluso Moisés pasó por alto a Simeón: "Cuando Moisés vino a bendecir a las tribus, transformó el juicio de Jacob sobre Leví en una bendición pero a Simeón lo pasó por alto".[2] (Deuteronomio 33:8-11).

Sin embargo, en Leví vemos la gracia de Dios en acción. Dios esparció a Leví y a sus descendientes por todo Israel, así como lo hizo con Simeón. Leví fue esparcido entre el pueblo juiciosamente pero, debido a que en una ocasión relevante permanecieron valientemente al lado de Dios en el desierto (Éxodo 32:26), Dios los convirtió en los sacerdotes principales sobre la nación de Israel.

Esta acción se convertiría en una bendición, porque los levitas con el tiempo habitarían la mayor parte del territorio de Israel.[3] Piense en esto: solo la gracia de Dios pudo tomar a un hombre cruel como Leví y hacerlo la cabeza de todos los sacerdotes de Israel. La bendición profética de Dios es permanente, porque Dios declaró que siempre habrá un levita que le sirva (Jeremías 33:21–22).

Es la gracia de Dios lo que ha transformado a cada persona que lee este libro; somos una nación de reyes y sacerdotes ante Dios. Cuando miro mi congregación y veo adúlteros, borrachos, adictos a las drogas, ladrones y fariseos modernos que confiaban en su propia justicia convertidos, veo gracia, misericordia y perdón en acción.

Hay un nuevo comienzo para todos: "Por cuanto todos pecaron, y están destituidos de la gloria de Dios" (Romanos 3:23). ¿Existe un pecado secreto en su pasado? ¿Hay alguna página oscura que ensombrece su historia en la que no quiere pensar y sobre la que no quiere hablar?

¡Confiéselo ahora! ¡Permita que este día sea el mejor del resto de su vida! Conviértase en una nueva criatura con un futuro ilimitado. No permita que Satanás lo siga teniendo preso de un pasado pecaminoso. La libertad se encuentra a solo una oración de distancia, pero usted tiene que dar el primer paso…¡lo animo para que lo haga ahora!

Judá

El cuarto hijo de Lea, Judá, se coloca despacio delante de su padre mientras Simeón y Leví se escurren a una esquina apartada de la habitación para pensar en su futuro.

La mente de Judá está batallando dentro de él. ¿Cuál de sus transgresiones elegirá su padre para hacer pública delante de sus hermanos? ¿Dirá algo Jacob acerca de su esposa pagana y de los hijos que tuvo con ella (Génesis 38:1–5)? ¿Tal vez acerca de la mentira que le dijo a su nuera Tamar (Génesis 38:11, 14)? ¿O tal vez se refiera a que embarazó a Tamar durante uno de sus viajes fuera del pueblo? Judá no era un ejemplo de pureza. Imagínese a Tamar sentada al lado del camino disfrazada de prostituta. Judá se detiene y la desea; va a su tienda y comete adulterio y ella concibe un hijo (Génesis 38:18). En silencio, mientras las gotas de sudor le inundan la frente, Judá espera.

Parado frente al anciano patriarca, Judá casi puede escuchar el ruido que produce con el viento el hacha del verdugo cuando pasa cerca de su oído, aproximándose al cuello. Judá recuerda haber confesado el pecado con Tamar (Génesis 38:26), pero sus pensamientos se interrumpen cuando Jacob comienza a declarar la bendición profética sobre él. Judá aguanta la respiración mientras el Espíritu Santo comienza a hablar a través de su padre, quien pronuncia el primer elemento de la bendición de Judá:

Judá, te alabarán tus hermanos...
Los hijos de tu padre se inclinarán a ti. (Génesis 49:8)

¡Judá se queda asombrado! ¿Qué acaba de decir Jacob? Jacob no menciona ni una vez el pasado decadente de Judá. ¿Cómo puede esto ser posible? ¿Por qué no hay un desfile verbal de transgresiones? ¿Qué hizo Judá para evitar el juicio y merecer esta alucinante bendición profética?

¿Por qué se inclinarían a él los hijos de su padre? El Espíritu Santo le había revelado a Jacob el linaje Divino de Judá. El origen del nombre Judá fue la expresión de gratitud de su madre hacia Dios cuando él nació. Sin embargo, Jacob vio la alabanza de una madre más sobresaliente que exaltaría al Dios de Abraham, de Isaac y de

Jacob por un Hijo más grande que saldría de la tribu de Judá.

> *Entonces María dijo:*
> *"Engrandece mi alma al Señor;*
> *Y mi espíritu se regocija en Dios mi Salvador.*
> *Porque ha mirado la bajeza de su sierva;*
> *Pues he aquí, desde ahora me dirán*
> *bienaventurada todas las generaciones.*
> *Porque me ha hecho grandes cosas el Poderoso;*
> *Santo es su nombre,*
> *Y su misericordia es de generación en generación*
> *A los que le temen" (Lucas 1:46–50).*

Dios había determinado que de los leones de Judá vendría el Señor Jesucristo: "Para que en el nombre de Jesús se doble toda rodilla...y toda lengua confiese que Jesucristo es el Señor, para gloria de Dios Padre" (Filipenses 2:10–11).

En segundo lugar, Jacob le dice a Judá: "Tu mano (estará) en la cerviz de tus enemigos" (Génesis 49:8).

La bendición profética cumplida

El vasto dominio de la tribu de Judá comenzó en los días del rey David, cuando reunió a un reino disperso e hizo de Jerusalén la capital eterna de Israel. El reinado de David fue la edad dorada de Israel.

En la actualidad, a Israel lo rodean naciones hostiles que declaran que los israelitas no tienen derecho a la tierra y que, al final, no tienen derecho a existir.

Como dijo Ezequiel en su predicción del futuro de Israel, Rusia e Irán conducirán a Etiopía, Libia, Alemania y Turquía en una invasión terrestre a Israel (Ezequiel 38). Esto se conoce como la Guerra de Gog y Magog. Rusia le dará el liderazgo militar a este eje de maldad anti-Israel. Dios permitirá a esta unión formar un ejército y comenzar su viaje hacia Israel, Israel, su amado, su tierra del pacto dada a Abraham, Isaac y Jacob y a su simiente para siempre por la sangre del pacto (Génesis 15).

Pero en el instante en que los ejércitos invasores pongan la planta de sus pies en el suelo de Israel, Dios pondrá su pie en el cuello de los enemigos de Israel y los aplastará. A cinco de los seis enemigos de Israel los destruirá de manera sobrenatural (Ezequiel 39:2) en el más dramático despliegue de poder sobrenatural contra los enemigos de Israel desde que Dios convirtió a Faraón y a su ejército en comida para peces en el fondo del mar Rojo.

Luego, Jacob identifica el símbolo de la tribu de Judá como un león: "Cachorro de león, Judá" (Génesis 49:9), lo que se cumple cuando el propio Jesucristo anuncia que Él es "el León de la Tribu de Judá" (Apocalipsis 5:5).

El cuarto elemento de la proclamación profética de Jacob con respecto a Judá es una de las más poderosas declaraciones de bendición profética que aparecen en las Escrituras. El anciano patriarca se inclina sobre su bastón, con sus penetrantes ojos sobre Judá, mientras la gloria de Dios Shekina le muestra la revelación de los eventos que tendrán lugar a siglos de distancia en el futuro:

No será quitado el cetro de Judá,
Ni el legislador de entre sus pies,
Hasta que venga Siloh;
Y a él se congregarán los pueblos (Génesis 49:10).

El término hebreo para *cetro* se traduce como "tribu" en los versículos 16 y 28 de este capítulo y significa la vara o el bastón de mando de la tribu, lo que representa la autoridad tribal. Este cuarto elemento de la bendición profética de Jacob revela que, en algún momento en el futuro, la autoridad de la tribu de Judá dejará de existir, pero solo después que Siloh (paz), el Príncipe de paz, el Mesías, haya aparecido.[4]

De manera dramática, esta bendición profética se cumplió con exactitud, como lo evidencia Juan 18:31: "Entonces les dijo Pilato: Tomadle vosotros [el pueblo judío, la tribu de Judá] y juzgadle [a Jesús] según vuestra ley". Ahora, escuche con atención la respuesta de los líderes judíos: "Y los judíos le dijeron [a Pilato]: A nosotros no nos está permitido dar muerte a nadie". Los líderes judíos confesaron que ellos no tenían autoridad para dar muerte a nadie. Por su propia confesión, estaban bajo la autoridad romana, y Génesis 49:10 se cumplió.

Ya no estaban bajo su propia autoridad; estaban bajo la autoridad de Roma. Eso no podía suceder hasta que Siloh, el Mesías, apareciera. El Mesías estaba, de hecho, parado delante de ellos, en un juicio por su vida bajo la autoridad romana; era Jesús de Nazaret, la raíz de la casa de David y el mismo Siloh.

Jacob cierra su declaración profética a Judá diciendo:

> *Atando a la vid su pollino,*
> *Y a la cepa el hijo de su asna,*
> *Lavó en el vino su vestido,*
> *Y en la sangre de uvas su manto.*

Sus ojos, rojos del vino,
Y sus dientes blancos de la leche (Génesis 49:11–12).

¿De quién está hablando Jacob? ¿Qué le está mostrando el Espíritu Santo que tendrá lugar en los siglos venideros?

Jacob está hablando acerca de Jesucristo entrando a Jerusalén en un pollino, ofreciéndose como el Cordero de Dios entregado desde la fundación del mundo.

Jacob se estira, pone las manos en el hombro de Judá y susurra: "Lavó en el vino su vestido" (Génesis 49:11). ¿Qué clase de vino? Sangre, ¡su propia sangre purificadora![5]

Cuando Cristo venga por segunda vez, sus vestidos estarán rojos por la sangre, pero en esa ocasión la sangre será de los enemigos de Israel. Esto se confirma en Isaías 63:1–2:

¿Quién es éste que viene de Edom,
de Bosra, con vestidos rojos?
¿Éste hermoso en su vestido,
que marcha en la grandeza de su poder?
Yo, el que hablo en justicia, grande para salvar.
¿Por qué es rojo tu vestido,
y tus ropas como del que ha pisado en lagar?

Cuando Jacob vio a Judá, no vio sus transgresiones; éstas habían sido borradas. Cuando los débiles ojos de Jacob miraron a su hijo, todo lo que su espíritu podía ver era el Rey que vendría. Cuando Jacob vio a Judá, todo lo que su espíritu podía ver era el Mesías que murió como un Cordero por nuestros pecados y resucitó como el León que conquistó a los enemigos de Israel, conquistando la muerte, el infierno y la tumba. Todo lo que Jacob podía ver era a Jesucristo, el Salvador de la Humanidad.

Zabulón

Judá se aleja de la cama de Jacob, con la mente dándole vueltas por las crípticas y, a la vez, poderosas profecías que su padre Jacob había declarado sobre él. Su mente se pregunta una y otra vez: *¿Cómo puede ser posible esto?*

Zabulón, el sexto hijo de Lea, se acerca al trono del juicio de Jacob. El más joven de los hijos de Lea está tranquilo, sin saber qué esperar. Jacob pronuncia sus bendiciones:

> *Zabulón en puertos de mar habitará;*
> *Será para puerto de naves,*
> *Y su límite hasta Sidón (Génesis 49:13).*

La bendición profética cumplida

Los miembros de la tribu de Zabulón eran un pueblo que "expuso su vida a la muerte" (Jueces 5:18) en la victoria de Israel sobre Jabín y Sísara. El pueblo de Zabulón, "cincuenta mil, que salían a campaña prontos para la guerra, con toda clase de armas de guerra, dispuestos a pelear sin doblez de corazón" (1 Crónicas 12:33).

Zabulón era una tribu comercial y de marineros. Cuando Jacob dijo: "Y su límite hasta Sidón", que estaba en Fenicia, implicaba que Zabulón se involucraría en el comercio fenicio.

La tribu de Zabulón estaba conformada por gente trabajadora. Cuando había algún trabajo que hacer, los descendientes de Zabulón se arremangaban la camisa y salían a trabajar. La Biblia registra que los miembros de la tribu de Zabulón "trajeron víveres en asnos, camellos, mulos y bueyes; provisión de harina, tortas de higos, pasas, vino y aceite, y bueyes y ovejas en abundancia, porque en Israel había alegría" (1 Crónicas 12:40).

La tierra en Israel que fue dada a la tribu de Zabulón, junto con Neftalí, se conoció como "Galilea de los Gentiles" (Mateo 4:15). Hay que destacar que once de los doce discípulos de Jesús eran de Galilea. Jacob cierra su bendición profética sobre Zabulón diciendo: "Será para puerto de naves" (Génesis 49:13).

Galilea debía ser un refugio, un puerto, un lugar donde los barcos azotados por la tormenta pudieran anclarse y descansar. Fue aquí que José y María, con el niño Jesús, encontraron un remanso después de su regreso de Egipto. Galilea fue un refugio para Jesús después de haber comenzado su ministerio, como se verifica en Juan 7:1: "Después de estas cosas, andaba Jesús en Galilea; pues no quería andar en Judea, porque los judíos procuraban matarle".

Galilea fue un refugio de descanso para el Hijo de Dios como lo profetizó Jacob miles de años antes de que Jesús caminara por la orilla del mar de Galilea con su mensaje de esperanza y redención.

Jacob levanta su mano marchita de la cabeza de Zabulón y de su futuro, así como del futuro de los miles que saldrían de sus leones, el cual quedó grabado en la historia con antelación.[6]

Isacar

A Isacar, el quinto hijo de Lea, le toca el turno para recibir la bendición profética de Jacob. Jacob, movido por la Shekina de Dios, dice las siguientes palabras:

Isacar, asno fuerte
Que se recuesta entre los apriscos;
Y vio que el descanso era bueno,
y que la tierra era deleitosa;
Y bajó su hombro para llevar,
Y sirvió en tributo (Génesis 49:14–15).

La bendición profética cumplida

La tribu de Isacar estaba en la parte norte de Israel. Era un pueblo trabajador que disfrutaba su conexión con la tierra.

Cuando Jacob miró a su hijo, se refirió a su gran fuerza, al afirmar: "Isacar, asno fuerte" (Génesis 49:14). Ser comparado con un asno puede que no suene muy halagador en la actualidad, pero en el antiguo Israel, un burro o un asno se consideraba un animal honorable y leal, listo para hacer la voluntad de su dueño.

Hay que recordar que Israel no tuvo caballos hasta el reinado del rey Salomón. Dios le prohibió a los israelitas que criaran caballos para evitar que Israel regresara enseguida a Egipto (Deuteronomio 17:16).

El burro era un recordatorio para Israel de que ellos eran un pueblo separado cuya confianza estaba en el Señor, no en caballos ni carrozas.[7] La tribu de Isacar estaba compuesta por ochenta y siete mil "hombres valientes en extremo" (1 Crónicas 7:5) que estaban listos y dispuestos a hacer la voluntad de Dios.

La vida es para una generación. ¡El buen nombre es para siempre! ¡La tribu de Isacar siempre se ha recordado como "hombres valientes en extremo"!

Dan, Gad, Aser y Neftalí

Jacob dirige su temblorosa mano hacia Dan, Neftalí, Gad y Aser y les indica que se acerquen. Estos son los hijos nacidos de las sirvientas Bila and Zilpa. En el antiguo Israel, se permitía que la esposa le diera al esposo una sirvienta como concubina para que tuviera hijos. Esto es lo que hizo Sara cuando le presentó a Agar a Abraham. Ser nacido de una concubina no tenía el mismo rango social que cuando se nacía de una esposa.

Hay personas que están leyendo este libro y que se sienten insignificantes por un sinnúmero de razones. Algunos, como estos hermanos, puede que lamenten las circunstancias de su nacimiento. Algunos proceden de hogares rotos y los criaron tíos, tías, abuelos o agencias del estado.

Algunos proceden de hogares inundados de abuso conyugal, divorcio, drogas o alcoholismo. Ellos vivieron día a día sin saber lo que traería el mañana. Algunos viven en la actualidad sin conocer sus raíces, con una añoranza de conocer a sus padres de nacimiento.

Pero el Gran Yo Soy, el Creador del cielo y de la tierra, el Padre de Abraham, Isaac y Jacob nos ama sin importar cuántas cicatrices tengamos en nuestra vida.

Dan, Gad, Aser y Neftalí están de pie ante Jacob preguntándose si al menos estarán incluidos en la bendición profética, ¡y lo están! "En verdad comprendo que Dios no hace acepción de personas" (Hechos 10:34). Todos somos uno en Cristo. No debe haber nunca un sentimiento de inferioridad o superioridad entre el cuerpo de Cristo; somos una familia en el Señor, una fe y un bautismo.

Dan

> *Dan juzgará a su pueblo,*
> *Como una de las tribus de Israel.*
> *Será Dan serpiente junto al camino,*
> *Víbora junto a la senda,*
> *Que muerde los talones del caballo,*
> *Y hace caer hacia atrás al jinete.*
> *Tu salvación esperé, oh Jehová (Génesis 49:16–18).*

La bendición profética cumplida

La visión profética de Jacob de que "Dan juzgará a su pueblo como una de las tribus de Israel" era exacta, porque de Dan vino el juez más poderoso en todo Israel, Sansón, cuyas proezas se convirtieron en una leyenda en Israel.[8]

Pero antes de que Dan quita la sonrisa de su rostro, la avejentada voz de Jacob corta como un sable: "Será Dan serpiente junto al camino, víbora junto a la senda, que muerde los talones del caballo, y hace caer hacia atrás al jinete".

Fue la tribu de Dan la que introdujo por primera vez la idolatría en Israel (Jueces 18:30–31) y fue dentro de Dan que Jeroboam hizo uno de sus becerros de oro (1 Reyes 12:2–30). Pero el Espíritu Santo reveló un último elemento para Dan: ¡perdón! "Tu salvación esperé, oh Jehová" (Génesis 49:18).

Debemos notar que las palabras "Tu salvación esperé, oh Jehová" son la primera referencia a la salvación en la Biblia. Y tienen relación con Dan.[9] Jacob, mirando a través del telescopio del tiempo, declara que el Señor, el Dios que mantiene los pactos durante mil generaciones, traerá salvación incluso a Dan, a pesar de que es serpiente junto al camino. Jacob habló de la gracia en medio del juicio, del perdón en medio de la transgresión y de la redención en medio de la muerte. La salvación, la gracia, el perdón y la redención están disponibles para todos nosotros si las pedimos. "Pedid, y se os dará" (Lucas 11:9).

Gad

La habitación permanece en silencio mientras Gad se aproxima. La voz de Jacob, a pesar de ser débil, está llena de la unción de Dios. Todos los hermanos de Gad están muy atentos para escuchar la proclamación de su padre sobre Gad:

> *Gad, ejército lo acometerá;*
> *Mas él acometerá al fin (Génesis 49:19).*

La bendición profética cumplida

Jacob vio Gad tanto conquistado como triunfante. La tribu de Gad estaría en un constante estado de guerra. Sin embargo, Gad tenía sus superestrellas, incluyendo a Elías, el príncipe de los profetas, quien desafió a Acab y a Jezabel y a su camarilla de falsos profetas, al retar a una sequía que ya duraba tres años y medio y que terminó en un tiroteo teológico en el Antiguo Testamento llamado monte Carmelo.

Gad era tanto un guerrero como un vencedor, un hombre que entraba en acción cuando las acciones determinaban el destino de los hombres y de las naciones. ¡Sus acciones determinarán su destino! El mundo está lleno de personas emprendedoras y soñadoras; aquellos que escogen entrar en acción, aprovechar las ocasiones y controlar sus vidas. ¡Ocúpese de su vida o alguien más lo hará!

Aser

Ahora es el turno de Aser de pararse delante del trono del juicio de Jacob; todos están todavía presentes en la habitación, en espera de las declaraciones finales del patriarca. Así debe ser, según San Pablo: "Porque es necesario que todos nosotros comparezcamos ante el tribunal de Cristo, para que cada uno reciba según lo que haya hecho mientras estaba en el cuerpo, sea bueno o sea malo" (2 Corintios 5:10).

La mirada penetrante de Jacob se enfoca como un rayo laser en Aser a medida que el Espíritu Santo comienza a revelar su futuro. Jacob ve recompensas de la vida y riquezas reales para su hijo Aser.

> *El pan de Aser será substancioso,*
> *Y él dará deleites al rey (Génesis 49:20).*

La bendición profética cumplida

Aser tiene que haber sonreído de felicidad cuando escuchó su bendición profética. La proclamación "el pan de Aser será substancioso" se cumplió en los días de hambruna cuando Dios envió a Elías a la casa de la viuda de Sarepta, diciendo: "He aquí yo he dado orden allí a una mujer viuda que te sustente" (1 Reyes 17:9). Sarepta quedaba en Sidón y Sidón estaba en el territorio de Aser (Josué 19:28).

La bendición profética "y él dará deleites al rey" se cumplió cuando Ana, una anciana que era viuda hacía ochenta y cuatro años, una profetisa, la hija de Fanuel, de la tribu de Aser, quien servía en el templo día y noche, ofreció una *comida exquisita* bendita al recién nacido Rey de Israel, Jesucristo, cuando lo trajeron al templo.[10]

Lucas relata que cuando Ana vio que traían a Jesús al templo, *"daba gracias a Dios, y hablaba del niño a todos* los que esperaban la redención en Jerusalén" (Lucas 2:36–38).

En Hechos 27, al apóstol Pablo lo estaban llevando prisionero a Roma y cuando el barco llegó a Sidón (la frontera de Aser), "Julio, tratando humanamente a Pablo, le permitió que fuese a los amigos, para ser atendido por ellos" (v. 3). Esto también es un ejemplo del pan de Aser.

Había sido profetizado que Aser iba a "mojar su pie en aceite" (Deuteronomio 33:24). Los eruditos de la Biblia se enfocan en los ricos olivares productores de aceite que florecen tan abundantemente en el territorio de Aser. ¡Pero hay más, mucho más!

El puerto moderno de Haifa se encuentra en el territorio de Aser y las tuberías gigantes de los campos de petróleo del Oriente Medio terminan en el territorio de Aser.

Además, el *New York Times* reportó que uno de los campos de petróleo más grandes del mundo se descubrió recientemente en la región costera de Haifa (el territorio de Aser).

La compañía Noble Energy de Houston, que está trabajando con muchas compañías de Israel, dijo que el campo, llamado Leviatán, cuya existencia se sospechaba hace muchos meses, tiene al menos 5 trillones de metros cúbicos de petróleo que tienen un valor aproximado en el mercado de miles de millones de dólares y que convertirán a Israel en un exportador de energía.[11]

Ciertamente Aser está "mojando su pie en aceite".

Neftalí

Jacob recibe ahora a Neftalí, el último hijo de sus sirvientas. Jacob llama la atención primero acerca de la naturaleza salvaje de Neftalí, cuando afirma:

Neftalí, cierva suelta,
Que pronunciará dichos hermosos (Génesis 49:21).

La bendición profética cumplida
La palabra suelta describe a una cierva tímida, una tímida, veloz y elegante criatura de los bosques. En los años jóvenes de Neftalí, aparentemente había sido un hombre salvaje, elegante e intrépido.

Algunos eruditos sugieren que cuando los hermanos regresaron de Egipto con la noticia de que José estaba vivo, Neftalí corrió primero para decirle a su padre (Jacob) no solo que todo estaba bien con Benjamín sino también que José vivía.[12]

Más tarde, en la guerra contra Sísara durante la época de Débora, los valientes guerreros de Neftalí, incluyendo a Barac, fueron agresivos y veloces como un rayo, jugando un papel esencial en esa victoria (Jueces 4).

El segundo elemento de la bendición profética de Neftalí fue "que pronunciará dichos hermosos". Era un hombre que tenía un discurso excelente, un orador.

Mientras Neftalí estaba de pie ante el moribundo Jacob, estoy seguro de que Jacob recordó la escena del elegante y veloz Neftalí corriendo hacia él por el verde pasto, trayendo palabras hermosas: "¡Todo está bien y José vive!".

En el trono del juicio de Jacob, la velocidad y los dichos hermosos de Neftalí hicieron salir de la boca de Jacob una expresión de amor y alabanza. En el trono del juicio de Cristo, que nuestro *andar* y nuestro *hablar* hagan salir una expresión de aprobación de la boca de Jehová Dios: "Bien, buen siervo y fiel" (Mateo 25:21).

José

La bendición de Jacob sobre José está saturada con bendiciones tanto naturales como sobrenaturales. Escuche lo que dice el patriarca; sus palabras resuenan a través de los siglos:

> *Rama fructífera es José,*
> *Rama fructífera junto a una fuente,*
> *Cuyos vástagos se extienden sobre el muro.*
> *Le causaron amargura,*
> *Le asaetearon,*
> *Y le aborrecieron los arqueros;*
> *Mas su arco se mantuvo poderoso,*
> *Y los brazos de sus manos se fortalecieron*
> *Por las manos del Fuerte de Jacob*
> *(Por el nombre del Pastor, la Roca de Israel),*
> *Por el Dios de tu padre, el cual te ayudará,*
> *Por el Dios Omnipotente, el cual te bendecirá*
> *Con bendiciones de los cielos de arriba,*
> *Con bendiciones del abismo que está abajo,*
> *Con bendiciones de los pechos y del vientre.*
> *Las bendiciones de tu padre*
> *Fueron mayores que las bendiciones de mis progenitores;*
> *Hasta el término de los collados eternos*
> *Serán sobre la cabeza de José,*

Y sobre la frente del que fue apartado de
entre sus hermanos (Génesis 49:22–26).

La bendición profética cumplida

Uno de los más magníficos revestimientos proféticos de las Escrituras se encuentra en las semejanzas entre la vida de José y la vida de Jesús. Solo un libro de orígenes sobrenaturales podría anunciar tal revelación.

⌄PIENSE en ESTO⌄

El Antiguo Testamento es la voluntad de Dios oculta; el Nuevo Testamento es la voluntad de Dios revelada.

1. Tanto José como Jesús eran los hijos favoritos de sus padres.

Y amaba Israel a José más que a todos sus hijos, porque lo había tenido en su vejez (Génesis 37:3).

Y aquel Verbo fue hecho carne, y habitó entre nosotros (y vimos su gloria, gloria como del unigénito del Padre), lleno de gracia y de verdad (Juan 1:14).

2. A José le fue dada una túnica de muchos colores, lo que según el Antiguo Testamento, se solía hacer con la realeza.

Y [Israel] le hizo [a José] una túnica de diversos colores (Génesis 37:3).

A Jesús le fue dada una túnica sin costura debido a su linaje real: el Rey de reyes y Señor de señores y el Príncipe de paz.

Tomaron también su túnica, la cual era sin costura, de un solo tejido de arriba abajo (Juan 19:23).

Pilato redactó una nota y la puso en la cruz.Decía así: JESÚS NAZARETNO, REY DE LOS JUDÍOS (Juan 19:19).

3. Su padre envió a José a llevar comida a sus hermanos que estaban en el campo.

Ve ahora, mira cómo están tus hermanos y cómo están las ovejas, y tráeme la respuesta (Génesis 37:14).

Dios el Padre envió a Jesús a la tierra como el Pan de Vida y el Agua Viva.

Porque el pan de Dios es aquel que descendió del cielo y da vida al mundo (Juan 6:33).

4. José fue rechazado por sus hermanos.

Cuando ellos lo vieron de lejos, antes que llegara cerca de ellos, conspiraron contra él para matarle (Génesis 37:18).

Jesús fue rechazado por sus hermanos.

A lo suyo vino, y los suyos no le recibieron (Juan 1:11).

5. José fue vendido por sus hermanos por el precio de un esclavo.

...[Los hermanos] le vendieron a los ismaelitas por veinte piezas de plata. Y llevaron a José a Egipto (Génesis 37:28).

Jesús fue vendido por un discípulo por treinta piezas de plata, el precio de un esclavo.
y les dijo: ¿Qué me queréis dar, y yo os lo entregaré? Y ellos le asignaron treinta piezas de plata (Mateo 26:15).

6. José fue falsamente acusado de violación por la desesperada esposa de Potifar y lo enviaron a prisión.
Y cuando yo alcé mi voz y grité, él dejó su ropa junto a mí y huyó fuera (Génesis 39:18).

Jesús fue falsamente acusado por los fariseos de ser un hereje endemoniado, un borracho y un loco.
Le respondieron los judíos, diciendo: Por buena obra no te apedreamos, sino por la blasfemia; porque tú, siendo hombre, te haces Dios (Juan 10:33).

7. José fue enviado a prisión, de donde salió un día determinado para ponerse a la diestra del hombre más poderoso de la tierra, Faraón, como primer ministro de Egipto.
Entonces Faraón envió y llamó a José. Y lo sacaron apresuradamente de la cárcel, y se afeitó, y mudó sus vestidos, y vino a Faraón...Tú estarás sobre mi casa, y por tu palabra se gobernará todo mi pueblo; solamente en el trono seré yo mayor que tú (Génesis 41:14, 40).

Jesús fue enviado a la prisión de la tumba de donde salió un día determinado, el tercer día, para ponerse a la diestra de la fuerza más poderosa en el universo, Dios Todopoderoso, como el Príncipe de gloria.

Y como tuvieron temor, y bajaron el rostro a tierra, les dijeron: ¿Por qué buscáis entre los muertos al que vive? No está aquí, sino que ha resucitado. Acordaos de lo que os habló, cuando aún estaba en Galilea, diciendo: Es necesario que el Hijo del Hombre sea entregado en manos de hombres pecadores, y que sea crucificado, y resucite al tercer día (Lucas 24:5-7).

8. A José, que era judío, le fue dada una esposa egipcia que era gentil. Tuvieron dos hijos, Manasés y Efraín, quienes tuvieron partes iguales en la herencia de la tierra de Israel.

Y llamó Faraón el nombre de José...y le dio por mujer a Asenat, hija de Potifera sacerdote de On (Génesis 41:45).

A Jesús, un rabí judío, le fue dada una esposa gentil en la cruz. En la cruz, los gentiles fueron hechos herederos y coherederos con Jesucristo.

Pues si algunas de las ramas fueron desgajadas, y tú, siendo olivo silvestre, has sido injertado en lugar de ellas, y has sido hecho participante de la raíz y de la rica savia del olivo (Romanos 11:17).

9. José, por medio del conocimiento de la revelación, le dijo a su generación el futuro del mundo, lo que salvó a Egipto y al pueblo judío de morir de hambre.

Y de toda la tierra venían a Egipto para comprar de José, porque por toda la tierra había crecido el hambre (Génesis 41:57).

Jesús les dijo a sus seguidores el futuro de Israel, que es la columna vertebral de la profecía. Luego le dijo a la Iglesia el futuro del mundo en el libro de Apocalipsis a través de la pluma del apóstol Juan.
Dinos, ¿cuándo serán estas cosas, y qué señal habrá de tu venida, y del fin del siglo? (Mateo 24:3).

La revelación de Jesucristo, que Dios le dio, para manifestar a sus siervos las cosas que deben suceder pronto (Apocalipsis 1:1).

10. Los hermanos de José fueron a Egipto tres veces en busca de comida. Fue en la tercera visita que José se reveló como su hermano, diciendo: "Yo soy José".
Primera vez: Y descendieron los diez hermanos de José a comprar trigo en Egipto (Génesis 42:3).

Segunda vez: Volved, y comprad para nosotros un poco de alimento (Génesis 43:2).

Tercera vez: Vino Judá con sus hermanos a casa de José, que aún estaba allí, y se postraron delante de él en tierra (Génesis 44:14).

Y dijo José a sus hermanos: Yo soy José; ¿vive aún mi padre? Y sus hermanos no pudieron responderle, porque estaban turbados delante de él (Génesis 45:3).

En la historia de Israel, el pueblo judío ahora ha entrado a la tierra de Israel por tercera vez en su historia.

La primera vez fue con Josué justo después de la muerte de Moisés.

Mi siervo Moisés ha muerto; ahora, pues, levántate y pasa este Jordán, tú y todo este pueblo, a la tierra que yo les doy a los hijos de Israel (Josué 1:2).

La segunda vez fue cuando regresaron de Babilonia.

Estos son los hijos de la provincia que subieron del cautiverio, de aquellos que Nabucodonosor rey de Babilonia había llevado cautivos a Babilonia, y que volvieron a Jerusalén y a Judá, cada uno a su ciudad (Esdras 2:1).

La tercera vez fue el 15 de mayo de 1948, cuando Israel renació en un día.

> *¿Quién oyó cosa semejante?*
> *¿Quién vio tal cosa?*
> *¿Concebirá la tierra en un día?*
> *¿Nacerá una nación de una vez?*
> *Pues en cuanto Sion estuvo de parto, dio*
> *a luz sus hijos (Isaías 66:8).*

Hay un hecho importante que debemos recordar y es que la tercera vez que el pueblo de Israel entre a la tierra, el Mesías se revelará a los judíos, diciendo: "¡Yo soy Jesús!".

Y derramaré sobre la casa de David, y sobre los moradores de Jerusalén, espíritu de gracia y de oración; y mirarán a mí, a quien traspasaron, y llorarán como se llora por hijo unigénito, afligiéndose por él como quien se aflige por el primogénito (Zacarías 12:10).

11. Antes de que José se revelara a sus hermanos, pidió a los egipcios que salieran de la habitación.
No podía ya José contenerse delante de todos los que estaban al lado suyo, y clamó: Haced salir de mi presencia a todos (Génesis 45:1).

Antes de que Jesucristo se revele a los suyos, tendrá lugar el rapto de la iglesia.
Luego nosotros los que vivimos, los que hayamos quedado, seremos arrebatados juntamente con ellos en las nubes para recibir al Señor en el aire, y así estaremos siempre con el Señor (1 Tesalonicenses 4:17).

12. ¿Cómo probó José que era su hermano? ¿Cómo podían ellos tener la certeza de que era su pariente? Los egipcios no circuncidaban a sus hijos. José les mostró a sus hermanos su circuncisión.
Y no quedó nadie con él, al darse a conocer José a sus hermanos (Génesis 45:1).

¿Cómo probará Jesús que es el Mesías? Les mostrará su costado traspasado.
Y mirarán a mí, a quien traspasaron, y llorarán como se llora por hijo unigénito, afligiéndose por él como quien se aflige por el primogénito (Zacarías 12:10).

La palabra hebrea para "traspasado" significa "costado desgarrado".

13. ¿Cuál fue la reacción emocional de los hermanos de José cuando las escamas cayeron de sus ojos y reconocieron a José?

Y sus hermanos no pudieron responderle, porque estaban turbados delante de él (Génesis 45:3).

¿Cuál será la reacción del pueblo judío cuando vean y reconozcan completamente a Jesús como el Mesías en su segunda venida? El profeta Zacarías describió una semana de luto nacional en Israel donde se expresará un profundo dolor.

Y llorarán como se llora por hijo unigénito, afligiéndose por él como quien se aflige por el primogénito. En aquel día habrá gran llanto en Jerusalén, como el llanto de Hadadrimón en el valle de Meguido. Y la tierra lamentará, cada linaje aparte; los descendientes de la casa de David por sí, y sus mujeres por sí; los descendientes de la casa de Natán por sí, y sus mujeres por sí...todos los otros linajes, cada uno por sí, y sus mujeres por sí (Zacarías 12:10–14).

14. ¿Cuál fue la reacción de José cuando sus hermanos empezaron a llorar?

Ahora, pues, no os entristezcáis, ni os pese de haberme vendido acá; porque para preservación de vida me envió Dios delante de vosotros (Génesis 45:5).

Vosotros pensasteis mal contra mí, mas Dios lo encaminó a bien, para hacer lo que vemos hoy, para mantener en vida a mucho pueblo (Génesis 50:20).

15. *¿Qué hará el Dios Todopoderoso cuando el pueblo judío reconozca a Jesús como lo que realmente es?*
Y derramaré sobre la casa de David, y sobre los moradores de Jerusalén, espíritu de gracia y de oración (Zacarías 12:10).

⚡ PIENSE EN ESTO ⚡

Piense en esto: Tanto José como Jesús fueron enviados a sus hermanos para proveer para su salvación. El plan futuro de Dios para Israel es gracia y misericordia.[13]

Benjamín

Benjamín es el hijo de la vejez de Jacob, nacido a la misma hora que Raquel, el amor de su vida, murió. Jacob extiende amorosamente su temblorosa mano hacia su amado hijo. Cuando ha puesto la mano sobre su cabeza, dice:

> *Benjamín es lobo arrebatador;*
> *A la mañana comerá la presa,*
> *Y a la tarde repartirá los despojos (Génesis 49:27).*

Cuando participaba en los deportes en George Washington Middle School en Houston, Texas, nuestra mascota era un lobo voraz. El lobo es el más grande y fiero de la familia de los caninos y puede pesar hasta cien libras. Es un predador despiadado.

Es el lobo implacable y voraz lo que Jacob ve en el futuro de su hijo menor. Benjamín se convertiría en una tribu guerrera en Israel.

La bendición profética cumplida

> *Entonces se levantaron, y pasaron en número igual, doce*
> *de Benjamín por parte de Is-boset hijo de Saúl, y doce de*
> *los siervos de David. Y cada uno echó mano de la cabeza*
> *de su adversario, y metió su espada en el costado de su*
> *adversario, y cayeron a una (2 Samuel 2:15–16).*

Los descendientes de Benjamín fueron temibles guerreros como lo describe la historia de la concubina en
Gabaa (Jueces 19–20). Otros distinguidos guerreros
fueron el rey Saúl, quien se levantó como campeón de
Israel durante los primeros años de la historia de Israel al
derrotar a Moab, a Edom y a los filisteos (1 Samuel 14:47);
la reina Ester y Mardoqueo, quienes derrotaron a Amán
(Ester 8:7)[14]; y Saulo de Tarso, quien se convirtió en el
apóstol Pablo, cuyos feroces e implacables instintos de
guerrero hicieron posible el establecimiento de la iglesia
del Nuevo Testamento y, con el tiempo, la caída del Imperio Romano. Todos eran descendientes de Benjamín.

La despedida final de San Pablo a la iglesia dibuja un
verdadero retrato de un benjamita:

> *He peleado la buena batalla, he acabado la carrera, he*
> *guardado la fe (2 Timoteo 4:7).*

> *Tú, pues, sufre penalidades como buen soldado de Je-*
> *sucristo (2 Timoteo 2:3).*

El temperamento implacable de los descendientes de la
tribu de Benjamín se puso en marcha por el poder de la
proclamación profética de Jacob.

EL GRAN INTERCAMBIO EN LA CRUZ

El gobierno romano consideró a Jesucristo un enemigo del estado y lo sentenció a ser crucificado como un insurrecto demasiado peligroso como para vivir. Los romanos eran maestros de la brutalidad; ellos habían perfeccionado la crucifixión. En una época de su historia, crucificaron a dos mil judíos de una vez para demostrar su cruel maldad.

Quiero que se imagine que está sentado a los pies de la cruz en el Calvario. Jesucristo está colgado de la cruz goteando sangre; en su frente hay una cruda señal que dice "Rey de los judíos". Imagínese el cuerpo de Cristo brutalmente golpeado, rasgado por treinta y nueve azotes que le dejaron la espalda como una sangrienta masa de carne retorcida y huesos expuestos. ¿Puede ver la saliva de los romanos cayendo de su barba, después que los soldados romanos lo escupieron, burlándose del Rey de reyes mientras Él permanecía en silencio delante de ellos?

Mire cómo cuelga completamente desnudo entre dos ladrones. ¿Quién sería lo suficientemente tonto como para seguir a este rebelde de Galilea humillado? ¿Puede escuchar sus gemidos mientras se retuerce de dolor? Imagínese su cuerpo jadeando hacia arriba y hacia abajo mientras lucha por respirar. Cristo podía matar a todos los soldados romanos con tan solo una palabra. En vez de esto le grita a su Padre: "Dios mío, Dios mío, ¿por qué me has desamparado?" (Marcos 15:34).

En respuesta al grito desesperado de su hijo, Dios permanece en silencio. En vez de responderle a Él, Dios el Padre extiende su diestra de bendición a los gentiles, quienes "estabais sin Cristo, alejados de la ciudadanía de

Israel y ajenos a los pactos de la promesa, sin esperanza y sin Dios en el mundo" (Efesios 2:12).

Jesucristo de Nazaret era el primogénito de Dios el Padre. Merecía la diestra de bendición. Pero ese día, un día en el que el sol se niega a brillar al mediodía, Dios coloca la mano derecha sobre los gentiles, dándonos la mayor bendición.

La descripción más exacta de lo que se cumplió en la cruz aquel día la hizo el profeta Isaías setecientos años antes de que ocurriera: "Todos nosotros nos descarriamos como ovejas, cada cual se apartó por su camino; mas Jehová cargó en él el pecado de todos nosotros" (Isaías 53:6).

Dios el Padre inició el Gran Intercambio cuando colocó la mano derecha, la de mayor bendición, sobre los gentiles y luego colocó la mano izquierda en la frente de su Hijo sufriente.

- Jesús fue castigado para que nosotros, los gentiles, pudiéramos ser perdonados (Isaías 53:4–5).
- Jesús fue herido para que nosotros fuéramos sanados. Él llevó nuestras enfermedades y sufrió nuestros dolores para que nosotros recibiéramos salud divina (Isaías 53:4–5; Salmo 103:3).
- Jesús llevó nuestro pecado y nosotros recibimos el perdón inmediato y absoluto de Dios (2 Corintios 5:21).
- Jesús llevó nuestra pobreza en la cruz para que nosotros podamos recibir las riquezas de Abraham (2 Corintios 8:9).
- Jesús soportó nuestro rechazo para que fuéramos aceptados por el Padre: "Cerca de la hora novena,

Jesús clamó a gran voz, diciendo...Dios mío, Dios mío, ¿por qué me has desamparado? (Mateo 27:46, 50). Por primera vez, el Hijo de Dios llamó a su Padre y no recibió respuesta. Fue rechazado porque nuestro pecado estaba sobre él.

- Jesús murió para que nosotros tuviéramos vida eterna (Romanos 6:23).

Muchos de los que están leyendo este libro están sufriendo alguna forma de rechazo. Tal vez lo rechazaron uno o ambos padres. Tal vez lo rechazó su cónyuge, quien lo dejó o la dejó por otra persona. Tal vez lo rechazó su mejor amigo y las heridas son muy profundas como para sanar. ¡Tengo buenas noticias! Jesús ha soportado su rechazo. Lo quitó de usted en la cruz y le ha dado el gozo y la bendición del Señor, que "es la que enriquece, y no añade tristeza con ella" (Proverbios 10:22).[15]

Las manos cruzadas de Jacob eran un tipo y una sombra del día en la cruz cuando Dios el Padre nos dio, como gentiles, la mejor bendición y puso sobre su Hijo nuestro pecado, nuestras enfermedades, nuestra pobreza, nuestro rechazo, nuestra vergüenza. Dios nos adoptó como hijos e hijas en su Reino, el cual no tendrá fin.

ⱽPIENSE EN ESTOⱽ

El mensaje de la cruz es el tema central de la Palabra de Dios. El día de la cruz fue el día de la vergüenza para Jesucristo; fue el día de redención para todos los creyentes. Fue el Gran Intercambio.

Capítulo siete

LAS OCHO BENDICIONES
PROFÉTICAS DE JESÚS

Bienaventurados los que...

—MATEO 5:3–12

E l deseo apasionado de Dios es bendecirlo. Fue en el
génesis de los tiempos cuando un Dios amoroso y
lleno de gracia creó un jardín de tanto esplendor que la
mente del hombre no puede empezar a imaginar la mitad
de su grandeza. Dios creó a Adán y Eva y de inmediato
les dio la bendición de su favor inmerecido.

Luego llamó a Abram para que saliera de la tierra de
Ur y declaró sobre él las bendiciones proféticas que permanecen en sus descendientes ahora y para siempre:

> *Pero Jehová había dicho a Abram...*
> *"Bendeciré a los que te bendijeren,*

y a los que te maldijeren maldeciré;
y serán benditas en ti todas las familias de la tierra"
(Génesis 12:1, 3).

Más tarde Jacob, el patriarca, llamó a sus doce hijos el día de su muerte y los bendijo mientras estaba sentado en la cama, inclinado sobre su bastón. El poder de la bendición profética pasó a los doce hijos, cuando este amado patriarca predijo la historia.

Muchas generaciones después vino un rabí llamado Jesús de Nazaret, que había nacido en un pesebre de Belén una noche santa mientras los ángeles cantaban y los pastores venían a rendir honor al Rey de los judíos. Al principio de su ministerio, Jesús pronunció ocho bendiciones proféticas sobre las que el reino de Dios sería para siempre establecido.

"¡JESÚS VIENE!"

Venga conmigo a las verdes laderas de la montaña que forma los bancos del mar de Galilea. Regresemos el tiempo a más de dos mil años atrás y párese con las multitudes que esperan la llegada de este nuevo y celebrado rabí y sus doce discípulos.

Es un día de calor sofocante y el viento abrasador levanta nubes de polvo y rápidamente las lleva camino abajo hacia el mar de Galilea. No obstante, hay un aire expectante en la atmósfera. Escuche cómo las voces se elevan hasta alcanzar un emocionante tono afiebrado, a medida que los amigos se saludan unos a otros. En todos los senderos que conducen a Galilea, pequeños grupos de personas comienzan a reunirse. Se ha regado la voz de que viene Jesús.

De repente, Jesús y su pequeño grupo de seguidores aparecen en la cima de una pequeña colina en el camino a Capernaum y, de inmediato, a su paso hay una vasta multitud de personas de Decápolis, Jerusalén, Judea y de más allá del Jordán.

La noticia continúa transmitiéndose boca a boca. "¡Jesús viene!". Multitudes de Tiberias, Betsaida y Capernaum muy pronto se unen a las otras. Juntas siguen a Jesús y a los doce sencillos hombres que, con el tiempo, virarán el mundo al revés. A medida que se acercan a la cima de la colina, los vientos suaves de la llanura los refrescan, brindándoles descanso del calor abrasador del sol. Jesús se detiene y les hace señas para que se sienten y descansen.

Hay electricidad en el aire. Es un momento digno de capturarse y guardarse para la eternidad. Las masas comienzan a aquietarse a medida que Jesús se alista para hablar. El silencio reina en la multitud mientras las persona miran expectantes a este rabí de Nazaret.

Lo que Jesús dice ese día en el antiguo Israel quedará grabado en la historia como una de las verdades más profundas e inspiradoras que se han dicho. Con mesuradas, reverentes y modestas palabras, revela el secreto de la alegría, el secreto de la victoria para alcanzar una vida libre de preocupaciones y, en última instancia, los secretos de la vida buena. Son las ocho bendiciones proféticas que conforman la constitución del reino de Dios.

La primera palabra que usó Jesús para dirigirse a las personas se registra en Mateo de esta manera: "Y abriendo su boca les enseñaba, diciendo: *Bienaventurados*"...(Mateo

5:2-3). Cuando Jesús abrió la boca, el *ruach* (aliento sobrenatural) salió de ella así como sucedió en el Jardín del Edén cuando Dios el Padre sopló aliento de vida en Adán. Ahora el *ruach* de su Hijo bendeciría a las personas con ocho bendiciones proféticas que cambian la vida.

Dios quiere bendecir a todos los hombres. Su mayor gloria es traer gozo indescriptible, amor y paz a todos los que vienen a formar parte del reino de Dios.

El tema central del cristianismo es recibir la bendición de Dios. Este es el tema que Jesús declaró cuando comenzó su histórico Sermón del Monte. Trazó el camino real para que todos los hombres recibieran bendiciones supremas. No vino a quitar el gozo de la vida con reglas religiosas; vino para llenar la copa de gozo hasta que desborde y para ofrecérsela a todos los que desean recibir bendición.

La palabra *bienaventurado* (bendito) se ha convertido en un término religioso, anticuado y remoto. Muchos traducen esta palabra como *feliz*, pero este concepto es superficial. *Felicidad* proviene de la palabra escandinava *hap*, de la que en inglés obtenemos la palabra *happenstance* [significa casualidad, nota del tr.].

Eso podría implicar que los hombres solo pueden ser felices cuando las circunstancias de la vida son felices. Dicho brevemente, uno solo puede ser feliz como resultado de las circunstancias. La felicidad, por tanto, depende de las cosas que le suceden a usted por casualidad.

La palabra griega *bendito* que Jesús usó en las bienaventuranzas es *makarios*. No es la palabra que significa felicidad; es la palabra que se usa en el griego clásico para la consecución del *summum bonum*: el ideal más grande de la vida.

Jesús, el Hijo de Dios, que tenía todo el conocimiento y la sabiduría, estaba ofreciendo sus felicitaciones a la persona que vive bajo la unción de estas ocho bendiciones proféticas del Sermón del Monte. Jesús estaba en realidad diciéndole a la carne mortal que si está obteniendo lo mejor de la vida, usted está viviendo la clase de vida que verdaderamente vale la pena vivir, ¡usted está viviendo la vida buena!

¿Quién está viviendo la vida buena? ¿Quién es el hombre o la mujer que vive con un gozo indescriptible y una profunda paz desconocida para otras personas? ¿Quién comprende totalmente el secreto de vivir la vida con favor ilimitado? ¿Qué clase de vida libera las fuentes de amor que las renuevan y las refrescan cada día?

LOS SECRETOS DE LA VIDA BUENA

La primera bendición profética

Bienaventurados los pobres en espíritu,
Porque de ellos es el reino de los cielos (Mateo 5:3).

Muchos de los que están leyendo este libro conocen un tipo diferente de pobreza: la pobreza de una pobre imagen propia. La Biblia ordena: "Amarás a tu prójimo como a ti mismo" (Mateo 22:39). Es un hecho: si no se gusta a usted mismo, no le gustará su vecino, ni su esposa, ni sus hijos.

Los diez espías que entraron a la Tierra Prometida regresaron con una pobre imagen propia. Espiaron la Tierra Prometida y se quejaron a Moisés: "También vimos allí gigantes…y éramos nosotros, a nuestro parecer, como langostas" (Números 13:33).

Lo opuesto de tener una imagen pobre es tener un orgullo excesivo. Puede que usted no crea que una persona humilde puede ser feliz, pero puede tener la seguridad de que un orgulloso no lo es.

En Lucas 18, dos hombres fueron al Templo a orar. Uno dijo: "Dios, te doy gracias porque no soy como los otros hombres" (v. 11). Con arrogancia anunció las buenas cualidades que creía tener y en su oración las proclamó para que todas las personas en el templo pudieran escucharlas.

El otro hombre oró de esta manera: "Dios, sé propicio a mí, pecador" (v. 13). La pobreza que es clave en el reino de Dios es la comprensión de que, a pesar de que puede que poseamos todas las cosas, sin Dios todas nuestras cosas son como nada.

El hijo pródigo le exigió a su padre que le diera de inmediato su herencia. Este hijo arrogante estaba cansado de obedecer las reglas sofocantes de su padre. Él sabía cómo vivir la vida buena; todo lo que necesitaba era la oportunidad.

Con su herencia en el bolsillo, se subió a su Harley-Davidson y se dirigió rumbo a la gran ciudad. Una vez allí, en un corto período de tiempo, perdió toda su riqueza, su honor y su buen nombre.

Lo contrataron para que criara cerdos, lo que para los judíos era la máxima humillación. Mientras peleaba con los cerdos para comerse su comida, volvió en sí y se dio cuenta de su verdadera pobreza. Se levantó, se sacudió el lodo de la ropa y tomó una decisión que le cambiaría la vida: "Me levantaré e iré a mi padre" (Lucas 15:18).

El hijo pródigo comprendió que necesitaba a su padre. La clase de humildad que nos hace prósperos *por dentro* es darnos cuenta de que necesitamos a Dios. Este conocimiento de la revelación nos introduce en el camino de la justicia y de las verdaderas riquezas. La Biblia afirma: "La bendición de Jehová es la que enriquece, y no añade tristeza con ella" (Proverbios 10:22).

Donald Trump y Warren Buffet son multimillonarios, pero no pueden crear la semilla con que se hace el pan; no pueden producir paz duradera o comprar un segundo más cuando su tiempo en la tierra se termine. Las familias más ricas del mundo estaban en el *Titanic* y no pudieron controlar la crisis que acabó con sus vidas. ¡Las riquezas no pueden comprar la vida buena!

Muchos creen que la fe en Dios solo ofrece la negación propia en esta vida, con una promesa de "abundancia en el cielo" para el futuro. ¡No es así! Note que Jesús usó el verbo *es*:—"Porque de ellos es el reino de los cielos". Su reino se convierte en la posesión *inmediata* del creyente. Y al poseer el reino, usted posee todas las cosas. Poseer el poder de Dios nos capacita para enfrentar la vida con entusiasmo; nos proporciona una profunda paz interior porque no tememos al mañana. Experimentamos un gozo interior que las circunstancias externas no pueden proporcionarnos. Debido a que Dios habita dentro de nosotros y, debido a que Dios es amor, desde nosotros fluye un amor hacia otros que barre con todos los prejuicios, los celos y el odio.

Benditas son las vasijas agrietadas

Mi esposa Diana usa como ejemplo una bella historia que contó Patsy Clairmont en su libro *God Uses Cracked Pots* [Dios usa vasijas agrietadas].[1] Cuando dirige los seminarios Mujeres de Dios, Diana suele colocar dos jarrones con forma de urna sobre una mesa. Toma una vela y la coloca en el primer jarrón, que es hermoso y perfecto en todo sentido. Diana enciende la vela, cubre la abertura del jarrón y lo sostiene para que la audiencia lo vea. El recipiente, a pesar de ser perfecto, no permite que la luz que está dentro brille a través de su inmaculado exterior. Es inútil para iluminar el sendero de aquellos que necesitan encontrar su camino.

Luego Diana coloca una vela en el segundo jarrón, el cual está quebrado y agrietado. Enciende la vela, cubre la abertura y sostiene el feo jarrón en alto. La radiante luz que sale de dentro del recipiente fluye a través de las grietas, proporcionando un hermoso resplandor que guía a aquellos que han perdido su camino.

¡Lo mismo sucede con nuestras vidas! Todos nosotros tenemos feas grietas y cicatrices que las penas del pasado nos han causado. Tal vez fue el abuso sexual lo que causó esas grietas y cicatrices; tal vez fue debido al rechazo de su madre, de su padre o, incluso, de ambos. Tal vez esas grietas son producto de un amargo divorcio, un aborto en secreto, o del tiempo que pasó en la penitenciaría en un pasado oscuro que nadie conoce.

Dios, el Maestro Alfarero, pudo haber permitido que su vida fuera perfecta, pero esas feas grietas que los contratiempos de la vida han causado permiten que la luz del amor de Dios brille a través de usted para guiar a aquellos que buscan la verdad en el viaje de la vida. Benditos son aquellos que son *vasijas quebradas*, cuyas imperfecciones del pasado son la fuente de valentía, fortaleza e inspiración para aquellos que buscan la Luz del mundo.

"Yo Jesús he enviado mi ángel para daros testimonio de estas cosas en las iglesias. Yo soy la raíz y el linaje de David, la estrella resplandeciente de la mañana" (Apocalipsis 22:16).

La segunda bendición profética

*Bienaventurados los que lloran,
Porque ellos recibirán consolación (Mateo 5:4).*

La segunda bendición profética en el reino de Dios es el duelo, que nos resulta incluso menos atractivo que la pobreza; no obstante, solo aquellos que son sensibles pueden tener duelo.

El apóstol Pablo escribió acerca de personas que "perdieron toda sensibilidad" (Efesios 4:19). Habló de personas que "tienen cauterizada la conciencia" (1 Timoteo 4:2). Viven en hipocresía y su conciencia ya no provoca que les duela el corazón.

¿Recuerda la historia del Padre Damián? Se convirtió en misionero para los leprosos en la isla de Molokai, Hawái. Durante trece años, compartió el Getsemaní de aquellas personas. Durante trece años fue su maestro, compañero y amigo fiel.

Con el tiempo, fue presa de la temida enfermedad de la lepra. Al principio no estaba consciente de ello, pero una mañana se le derramó agua caliente sobre el pie.

"¡Qué doloroso!", pensaría usted. No, no sintió el menor dolor. La pérdida de sensibilidad le informó al Padre Damián que la lepra había entrado en su cuerpo... estaba muriendo lentamente.

Hay una pérdida mucho más grande que la de la

sensibilidad física; es la pérdida de la sensibilidad espiritual hacia Dios. Cuando llega al punto en el que puede pecar y su conciencia ya no lo molesta, usted está muriendo espiritualmente. El hierro caliente del pecado le ha cauterizado la conciencia.

Usted miente y no hay dolor. Comete adulterio y no se lamenta por el pacto que ha roto con su cónyuge. Le roba a su empleador; al principio, su conciencia le duele, pero después no. La voz de Dios se ha silenciado. Se ha convertido en un adicto a la pornografía; al principio, se siente culpable, pero después no. Su persistencia en hacer elecciones carnales ha ahogado la voz de Dios. Tiene la conciencia muerta. Su corazón se ha convertido en una piedra. Se cree una persona sofisticada pero la verdad es que ha venido a formar parte de los muertos vivientes.

Pasa la mano sobre la Biblia que está llenándose de polvo en la mesa de noche y agarra el control remoto para poder ver la porquería que hay en la televisión. Solo ora en tiempos de crisis; no tiene comunión con Dios. Va a la casa de Dios en Semana Santa y Navidad; aparte de eso, no le sirve para nada al Creador.

Su conciencia está gritando: *¡Quiero vivir y estar en la presencia de Dios!* No obstante, usted está matando lentamente su sentido de lo que es bueno y malo con cada acto de desobediencia. El Espíritu Santo le ha pinchado la conciencia una y otra vez, pero ahora esa voz interior permanece en silencio y Dios se ha alejado de usted. Ha sofocado al Espíritu de Dios que una vez vivió sobre usted y, como resultado, su felicidad se ha esfumado y vivir la vida buena se ha vuelto imposible.

En el patio de la sala de juicio de Pilato, Pedro negó a

Cristo. ¡Piense en esto! ¿Se dañó su alma para siempre? No, porque las Escrituras declaran: "Y Pedro, saliendo fuera, lloró amargamente". (Lucas 22:62). Sintió dolor por su conducta pecaminosa delante del Juez de todos los jueces. La mañana de la Resurrección, el ángel en la tumba vacía le dijo a María Magdalena: "Id, decid a sus discípulos, y a Pedro" (Marcos 16:7). Dios restauró a Pedro.

Compare esa escena con la de Judas, quien vendió al Señor por treinta piezas de plata. Vea cómo se aproxima, a la luz de las antorchas de los soldados romanos, al Maestro en el jardín. Observe la malvada sonrisa en su rostro cuando dice: "¡Salve, maestro!" (Mateo 26:49). Su pecado fue un pecado cruel, frío, desalmado y premeditado. No hubo duelo o remordimiento por haber traicionado al Hijo de Dios.

La mayoría de los que leen este libro dirán: "¡Yo nunca haría eso!". Pero la Biblia afirma que siempre que peca intencionadamente y se niega a hacer duelo por el pecado, "[usted] crucifica de nuevo... al Hijo de Dios" (Hebreos 6:6).

La Biblia habla de diferentes clases de duelo. Hay nueve verbos griegos en el texto bíblico que se usan para expresar diferentes grados de dolor. El término para *duelo* que se usa en las Bienaventuranzas es el más severo de los nueve.

Puede que usted no haya negado a Cristo, puede que no tenga ningún pecado sin confesar, pero, no obstante, está sufriendo. En el mundo real se enfrentará cara a cara con la pena y el dolor desgarrador.

Pero para un creyente... ¡el duelo tiene un límite! La Biblia afirma: "Por la noche durará el lloro, y a la mañana vendrá la alegría". (Salmo 30:5). ¿Está de duelo? ¿Tiene el corazón destrozado? ¿Las lágrimas caen de sus ojos sin cesar debido a un gran dolor? El duelo que está experimentando tiene un límite; terminará porque a la mañana vendrá la alegría de Dios. El dolor por la muerte de su ser querido terminará.

Habrá una mañana de resurrección cuando los muertos en Cristo se levantarán. El dolor del divorcio terminará; a la mañana vendrá la alegría. El dolor de un revés financiero terminará; Dios proveerá y a la mañana vendrá la alegría. El dolor que sus enemigos le están provocando terminará y a la mañana vendrá la alegría.

La historia de un soldado
Cuando era un joven evangelista a principios de los años sesenta, me dirigí a la plataforma de una pequeña iglesia en el centro de Texas donde iba a predicar como ministro invitado y miré a una congregación de aproximadamente doscientas personas.

Mis ojos se enfocaron en un joven soldado que estaba sentado en el último banco, tan cerca de la puerta que casi estaba fuera del templo. Estaba sentado con la espalda erguida, con los brazos cruzados al frente, como si estuviera participando en una inspección militar. A pesar de ser joven, tenía el cabello blanco como la nieve y su rostro juvenil era un retrato de dolor y sufrimiento. Lucía como si lo estuvieran friendo en aceite. De vez en cuando miraba la puerta trasera como si estuviera a punto de salir por ella corriendo, en busca de libertad y alivio.

Aquel domingo en la mañana prediqué sobre el tema de los sueños destrozados. Era como si solo hubiera una persona en mi audiencia, los otros ciento noventa y nueve eran una audiencia feliz. Sabía que el mensaje había tocado al soldado, pero no lo conmovió lo suficiente como para responder al llamado de pasar al altar.

Mientras estaba de pie en el portal de la iglesia con el pastor anfitrión, la esposa del sargento fue la primera en salir por la puerta, arrastrando a su esposo detrás de ella. Obviamente, estaba reacio a conocer al predicador visitante. Puedes saber mucho acerca de una persona cuando la miras directamente a los ojos. Este hombre tenía una historia que contar y yo quería escucharla. ¿Por qué alguien tan joven tenía el cabello tan blanco y los ojos tan saturados de dolor? Sabía que no escucharía toda la historia en el portal de la iglesia.

Su esposa resolvió el problema invitándome a su casa para almorzar con ellos. Acepté y treinta minutos más tarde estaba sentado en la mesa de comedor del sargento. Después de orar por la comida, le hice algunas preguntas básicas a Bill con respecto a su carrera militar. Sus respuestas fueron breves, como si lo estuvieran interrogando, en vez de estar participando de un almuerzo dominical con un predicador. Insistí un poco más con las siguientes preguntas:

—¿Qué es lo que más ha disfrutado en su carrera militar?

—¡No mucho!

—¿Cuál es el momento de su carrera militar que más lamenta?

Si lo hubiera golpeado en el estómago con un mazo no habría logrado quitarle el aliento tan rápido. Me miró fijamente a los ojos durante treinta segundos; colocó el cuchillo y el tenedor encima de la mesa, mientras su esposa se ponía pálida. Su rostro se llenó de ira y los ojos se le llenaron de lágrimas. Empezó a hablar acerca de su sufrimiento y dolor. Pude ver cómo las barreras emocionales se derribaban a medida que hablaba efusivamente, sin parar, durante treinta minutos.

En breve, había servido como líder de una brigada antibombas durante la guerra de Corea. El deber de su escuadrón era ir a un lugar infestado de bombas, encontrar y desactivar todas las minas y declarar el área limpia para que las tropas avanzaran.

En cierta ocasión, personalmente había declarado el área *limpia* y luego de unos minutos un soldado pisó una mina, que lo mató a él y a muchos soldados que venían detrás. El soldado que había pisado la mina primero era su amigo de toda la vida. Habían crecido juntos y habían entrado juntos al ejército y, en un instante, su cuerpo voló en pedazos.

—Mi amigo y todos esos soldados están muertos porque yo no pude encontrar y desarmar aquella bomba. ¡Esa es mi historia!—En ese momento ya las lágrimas le rodaban por el rostro, cayendo en la mesa.

—Bill, el único poder en el cielo y la tierra que puede quitar de tu mente y de tu corazón el dolor de esa horrible experiencia es Dios mismo. ¿Está dispuesto a perdonarse a sí mismo y recibir el consuelo sobrenatural de Dios?—Me detuve para esperar su respuesta.

Después de un largo silencio susurró un angustioso "¡sí!".

—Bill, Jesús hizo una declaración hace dos mil años que es válida para usted hoy. Dijo: "Bienaventurados los que lloran, porque ellos recibirán consolación". La promesa de consuelo se repite una y otra vez a lo largo de las Escrituras. "Consolaos, consolaos, pueblo mío, dice vuestro

Dios... Hablad al corazón de Jerusalén; decidle a voces que su tiempo es ya cumplido".

Bill, ¡su tiempo ya se ha cumplido! Voy a pedirle que se una a mí en esta oración y reciba el consuelo de Dios. Nos tomamos de las manos y oramos juntos mientras su alma atormentada encontraba el camino hacia la paz de Dios que sobrepasa todo entendimiento.

¿Existe algo en el pasado que llena su corazón y su mente de profundo dolor y angustia? ¡No permita que su pasado controle su futuro! Haga esta sencilla oración y reciba el consuelo de Dios:

Amoroso y todopoderoso Dios, entrego el dolor y el sufrimiento de mi pasado en tus manos. Jesús hizo esta proclamación profética: "Bienaventurados los que lloran, porque ellos recibirán consolación". Padre Dios, recibo tu consuelo para hoy y para todos mis días. En el nombre de Jesús, ¡amén!

La tercera bendición profética

Bienaventurados los mansos,
Porque ellos recibirán la tierra por heredad (Mateo 5:5).

En un mundo dedicado al alarde de poder y a la resistencia, la mansedumbre no es un atributo codiciado. La mansedumbre no nos gusta. Queremos ser conquistadores y la mansedumbre suena como a rendirse. Pero ser mansos no significa rendirnos ante los que nos rodean o ante nosotros mismos. Tampoco significa rendirse a las circunstancias de nuestra vida.

La palabra hebrea para *manso* en realidad significa "ser

moldeado". El verdadero significado de mansedumbre se revela en el Salmo 37:11: "Pero los mansos heredarán la tierra, y se recrearán con abundancia de paz".

Jesús hablaba arameo. El término griego que se usa para traducir la palabra *aramea* que significa mansedumbre, la cual usó Jesús en la bendición profética, era la palabra que se usaba para un animal que se ha domesticado y ahora está bajo el control y las riendas de su amo. ¡La mansedumbre es poder bajo control!

¿Tiene autocontrol? Espero que sí, porque sin él se destruirá a sí mismo. "Mejor es el que tarda en airarse que el fuerte; y el que se enseñorea de su espíritu, que el que toma una ciudad" (Proverbios 16:32).

El autocontrol es la habilidad de forzarse a sí mismo a hacer las cosas que tiene que hacer, independientemente de que las quiera hacer o no.

La mansedumbre no significa que debe dejar que el mundo lo dirija. Usted puede alzarse contra la justicia y la maldad con justo enojo y, a pesar de eso, ser manso. Considere a Jesucristo, quien dijo: "Aprended de mí, que soy manso y humilde de corazón" (Mateo 11:29).

Mire al Hijo de Dios, manso y humilde, entrar al templo con el látigo en mano, con los ojos ardiendo mientras grita a todo pulmón: "Mi casa, casa de oración será llamada; mas vosotros la habéis hecho cueva de ladrones" (Mateo 21:13). Jesús era manso...no débil.

Una vez más lo regreso al día de la crucifixión, cuando los guardias romanos abofetean a Jesús y se burlan de Él, diciendo: "¡Salve, Rey de los judíos!". Mire cómo la saliva de los guardias le chorrea por el rostro y la sangre le gotea por la frente.

Escuche cómo el látigo de nueve ramales de los romanos silba en el aire, convirtiéndole la espalda en tiras de carne ensangrentada y en trozos de huesos.

Mire al Calvario, cuando voluntariamente Jesús permanece en la cruz y permite que los bárbaros atraviesen con clavos sus manos santas. Estas son las mismas manos que sanaron enfermos y resucitaron muertos. No abre la boca... es manso, no débil.

¿Por qué el hijo de Dios permitió que esto pasara? Jesús dijo: "La copa que el Padre me ha dado, ¿no la he de beber?" (Juan 18:11).

Jesús se había unido a Dios el Padre para crear el cielo y la tierra en seis días. Jesús había ordenado a los vientos y a las olas; había echado demonios con tan solo una palabra y había conquistado la enfermedad y la muerte como parte diaria de su ministerio.

Tenía el poder para llamar a diez mil ángeles para que destruyeran la tierra cuando estaba en la cruz. ¿Qué hizo con todo ese poder? Bajó la cabeza y murió, ofreciéndonos un cuadro de poder bajo control absoluto. Era manso, no débil.

En el libro de Mateo, Jesús es el Cordero de Dios. En Apocalipsis, es el León de la tribu de Judá. No abrió la boca en la sala de juicio de Pilato. Era manso, no obstante, les dijo a los fariseos: "Vosotros sois de vuestro padre el diablo" (Juan 8:44). "¡Serpientes, generación de víboras! ¿Cómo escaparéis de la condenación del infierno?" (Mateo 23:33).

¡Eso es poder!

Jesús está ahora sentado a la diestra de Dios el Padre, la cual es una posición de poder. Observa a los malvados cada día. Ve al asesino y a su víctima sollozando. Ve al violador y a su presa gritando. Ve a los adúlteros y a sus compañeros sexuales. Ve al mentiroso, al chismoso y al cotillero sentado en los bancos de la casa de Dios...y refrena su furia. Es manso, no débil.

¡Pero se acerca el día de la ira de Dios! ¡Habrá un día en el que habrá que pagar! No confunda la mansedumbre de Dios con debilidad. Todo daño será juzgado el Día del Juicio y cada persona rendirá cuentas de cada palabra, pensamiento y hecho en el trono del juicio de Cristo.

Cuando Cristo regrese a la tierra, regirá a las naciones del mundo con vara de hierro. Toda rodilla se doblará y toda lengua confesará que "Jesucristo es el Señor, para gloria de Dios Padre" (Filipenses 2:10–11). Eso es poder. Jesucristo es manso, pero no débil.

"Bienaventurados los mansos, porque ellos heredarán la tierra". ¿Acaso no suena eso absurdo? En nuestra sociedad, donde predomina el comportamiento agresivo, la mansedumbre no es un bien; es un lastre. ¿No ha escuchado la frase "Los chicos buenos terminan últimos"?

El hombre carnal enseña que la única vía para heredar la tierra es ser tan malvado como un perro rabioso: volverse agresivo, intimidante y mezquino y hacer todo lo que tenga que hacer para ganar, incluso aplastar a las personas.

En Estados Unidos, solemos enmarcar lemas que nos inspiran. ¿Cuándo vio por última vez una placa en alguna pared de alguna oficina de un negocio que dijera "Bienaventurados los mansos"?

Ha visto "Sea un líder, un seguidor, o quítese de en medio". Ha visto "Si algo que amas no regresa a ti, persíguelo y golpéalo hasta que muera".

¡La mansedumbre es lo contrario de la violencia!

Los estadounidenses han rechazado la mansedumbre como una senda a la felicidad y han heredado una tumultuosa filosofía de "¡tómalo a la fuerza!". ¿Cuál es el tema central de los programas de televisión que nuestros hijos ven hasta cuarenta horas a la semana? ¿Será la mansedumbre? ¿Será el respeto y los buenos modales? ¿Será la moralidad?

No, es la violencia. Es la rebelión. Es el odio y la venganza al máximo posible. Es la ley de la selva. Es la ley de luchar con uñas y dientes. Es la ley de la fuerza es el poder. Es la ley de la infidelidad sexual desenfrenada y de la corrupción. En conclusión, hay una cloaca que se desborda de las pantallas de televisión en Estados Unidos en los corazones y las mentes de nuestros hijos.

⌄PIENSE EN ESTO ⌄

Lo que eres es el reflejo de lo que ves.

Al rechazar la mansedumbre hemos abierto la puerta a los tiroteos en las calles y a una tasa de nacimientos ilegítimos de aproximadamente el cincuenta por ciento.[2]

Al rechazar la mansedumbre hemos llenado nuestras cortes penales de madres y novios negligentes con los que conviven y que han golpeado a sus hijos hasta matarlos en un ataque de ira.

Al rechazar la mansedumbre hemos enviado a nuestros hijos a la escuela con un arma o un cuchillo.

Al rechazar la mansedumbre hemos llenado las calles de las ciudades de Estados Unidos de bandas que le vuelan el cerebro a la gente como parte de un ritual de iniciación.

Al rechazar la mansedumbre hemos enviado un tumulto de compradores de Navidad que están dispuestos a pisotear a un oficial de seguridad hasta matarlo con tal de obtener otro equipo electrónico para la casa. ¿Se puede hablar de alegría en el mundo?

Esta puerta abierta de ausencia de autocontrol ha abierto el camino a las violaciones, los asesinatos, los incestos, los abusos y a la ola de delitos que está abrumando a las fuerzas policiales e inundando nuestras prisiones, lo que le ha costado miles de millones de dólares a los contribuyentes estadounidenses.

¿Por qué ha sucedido esto en América la Bella? Porque nos hemos olvidado de las palabras de Jesucristo: "Benditos los mansos; bendito aquellos que viven bajo el autocontrol divino.

Benditos los amables. Benditos los disciplinados y los responsables. Benditos los que buscan la justicia, porque de ellos es el reino de los cielos".

"Bienaventurados los mansos, porque ellos heredarán la tierra". Si vives la vida bajo su control, Dios te dará el mundo y todo lo que está en él.

Buscad a Jehová todos los humildes de la tierra,
Los que pusisteis por obra su juicio;
Buscad justicia, buscad mansedumbre;
Quizá seréis guardados
En el día del enojo de Jehová
(Sofonías 2:3).

La cuarta bendición profética

Bienaventurados los que tienen hambre y sed de justicia, porque ellos serán saciados (Mateo 5:6).

En este texto, Jesucristo, el Arquitecto de la justicia, lo invita a redescubrir su pasión.

Jesús dijo: "Bienaventurados los que tienen hambre y sed". ¿Con cuánta intensidad un hombre hambriento busca comida? ¿Con cuánta intensidad un hombre a punto de morir de sed busca el agua? Buscar agua y comida es un instinto que preserva la vida y que constituye la esencia de esta historia.

A través de esta bendición profética, Jesús estaba diciendo que la vida buena viene a la persona que busca la justicia, lo que significa vivir justamente, tan apasionadamente como una persona con hambre extrema busca comida para evitar morirse.

¡Es la pasión lo que persuade!

Jesucristo predicó un evangelio de pasión. En una ocasión, dijo: "De cierto os digo que no hay ninguno que haya dejado casa, o hermanos, o hermanas, o padre, o madre, o mujer, o hijos, o tierras, por causa de mí y del evangelio, que no reciba cien veces más ahora en este tiempo; casas, hermanos, hermanas, madres, hijos, y tierras, con persecuciones; y en el siglo venidero la vida eterna" (Marcos 10:29–30).

¡Eso es pasión!

Jesús se conmovió al ver los cuatro hombres que con su actuar apasionado encontraron la vía para llevar al amigo paralítico hasta su presencia. Cuando llegaron a la casa donde Jesús estaba predicando, la encontraron atiborrada de gente que estaba buscando sanidad (Marcos 2:1–12). Los amigos no dijeron: "Qué pena, Abe; vas a morir". ¡Rompieron el techo y bajaron a su amigo en una camilla!

No va a resolver sus problemas hasta que no esté dispuesto a hacer algo apasionado con respecto a ellos. Cuando los métodos convencionales no funcionan, intente algo original: ¡rompa el techo!

Cuando esté de pie en el mar Rojo y la adversidad lo rodee, no se quede ahí parado simplemente esperando que Faraón llegue y lo capture para llevarlo de regreso a Egipto. Adéntrese en el agua. ¡Rompa el techo! ¡Apasiónese por alcanzar la Tierra Prometida! ¡Vaya desde insuficiente hasta más que suficiente!

El equipo deportivo que juega con pasión gana. El cantante que canta con pasión inspira a la audiencia. El hombre de negocios que trabaja con pasión prospera. La pasión para triunfar lo conducirá a derribar cada barrera, cada resistencia, cada revés y cada adversario.

ˇ PIENSE en ESTO ˇ

¡Si no cree apasionadamente en algo, no lo logrará!

Jesús dijo: "Bienaventurados los que tienen hambre y sed". Solo los seres vivientes tienen hambre y sed. Todas las plantas tienen hambre y sed y todos los animales tienen hambre y sed. Todos los niños tienen hambre y sed. Yo tengo cinco hijos y cuando cada uno de ellos llegó a la casa del hospital, ¡llegaron hambrientos! Cuando Matthew estaba acostado en la cuna, sacudía el biberón y se daba cuenta de que estaba vacío, lo lanzaba contra la pared y gritaba con la pasión de un grito de guerra de un comanche hasta que le traían otro biberón lleno.

Nuestros cinco hijos, sin faltar uno de ellos, nos despertaban después de la medianoche pidiendo comida. No les importaba que su mamá y su papá se hubieran acabado de acostar. No les importaba que, sin ayuda de nadie, hubieran destruido nuestro sueño durante cinco noches seguidas. Tenían hambre y tenían hambre ahora. Aquellos gritos de medianoche eran como música a mis oídos.

Cuando llegaron a la adolescencia y casi nos comieron con todo y casa, estábamos contentísimos de que estuvieran saludables y florecientes. Significaba que mis hijos estaban animados, saludables y creciendo. Cuando Dios el Padre escucha su grito pidiendo comida espiritual, es como música a sus oídos. Abre las ventanas de los cielos y derrama el pan de vida, el agua viva, porque es carne para los hombres y leche para los niños espirituales.

Debido a la naturaleza del hombre, éste tiene hambre y sed; no obstante, no siempre es lo suficientemente sabio como para buscar buena comida. Cuando era niño, vivíamos en el campo. Yo tenía dieciocho meses cuando me colé por debajo de la puerta de la cocina y encontré un cuadrado blanco que estaba en el suelo. Lo probé; estaba dulce, así que me lo comí. Mi madre entró mientras yo me lamía los labios y preguntó: "John, ¿comiste eso?". Le respondí con la mejor versión que podía de la palabra *bueno*. Cuando se dio cuenta de lo que había sucedido, me cargó de un tirón y salió corriendo por la puerta hacia el hospital. Había comido veneno de rata. Cuando llegamos al hospital, me lavaron el estómago para salvarme la vida.

Demasiado a menudo somos como los niños: si algo satisface al hombre instintivo, nos lo tragamos, incluso si envenena nuestra alma. Nos agarramos de cualquier cosa que promete satisfacción. La tragamos…la fumamos…la inhalamos…nos la inyectamos en vena…la vemos en tiendas de pornografía…y contemplamos su tóxico veneno en la pantalla de la computadora y de la televisión…en busca de la vida buena.

Nunca encontraremos satisfacción en las drogas, el alcohol, las fantasías sexuales, el poder o el placer. La satisfacción se encuentra solo en Jesucristo, el Hijo del Dios viviente.

¿De qué debemos tener hambre?

La respuesta es: ¡de justicia! La justicia es vivir justamente; es la vida que se vive acorde a los estándares de Dios.

Lo opuesto de la justicia es la rebelión. Si ignora la justicia de Dios, recibirá la ira de Dios.

Escuche la voz de Faraón en Egipto: "¿Quién es Jehová, para que yo oiga su voz?". Dios permitió que Faraón fuera con sus carrozas detrás del pueblo judío hasta el mar Rojo. Las enormes paredes que se formaron cuando Dios separó las aguas para que los israelitas pasaran colapsaron sobre Faraón y su poderoso ejército. Cuando su cuerpo hinchado flotó en la orilla, sus ojos sin vida solo podrían haber contemplado el rostro del Dios que había rechazado. Su deslumbrante anillo que usaba para sellar los documentos brillaba al abrasador sol egipcio en la orilla. En cuestión de segundos, el hombre más poderoso sobre la faz de la tierra se había reducido a comida para peces.

Vea al patético rey Saúl saliendo de la cueva de la

adivina de Endor: "Dios se ha apartado de mí, y no me responde más, ni por medio de profetas ni por sueños" (1 Samuel 28:15).

Estados Unidos ha rechazado la justicia. Lea tan solo algunos de los titulares de algún periódico para que vea lo que está sucediendo con nuestros hijos, nuestras familias, nuestras escuelas, nuestro ejército, nuestra economía y la propia alma de Estados Unidos porque nosotros, como pueblo, ¡hemos perdido nuestra pasión por la justicia!

- La familia tradicional se está desintegrando; dos de cada cinco niños en Estados Unidos no viven con sus padres naturales.[3]
- Millones de nuestros jóvenes se han hecho tan adictos a las drogas que sus cerebros ya no funcionan.[4]
- Las escuelas públicas se han convertido en una zona de guerra donde los cuerpos de los muertos y de los moribundos yacen heridos por el último tirador enloquecido.[5]
- La escuela de brujería alega que la wicca es la religión de mayor crecimiento en Estados Unidos.[6]
- El paganismo es permitido en el ejército estadounidense.[7]
- Estados Unidos se precipita hacia la bancarrota financiera porque nuestro desordenado Congreso no puede resolver el problema de las deudas.
- Estados Unidos es el lugar donde los delincuentes se transforman en celebridades y las celebridades no van a la cárcel.[8]

- Estados Unidos es el lugar donde el matrimonio se está redefiniendo, para hacer que la prohibición de la unión entre dos personas del mismo sexo sea inconstitucional.[9]

¿Por qué ha sucedido esto en Estados Unidos? Porque ya no hay pasión por la justicia en la mayoría de nuestro país. Si usted desea experimentar la vida buena, ésta comienza con una pasión por la justicia. La Biblia afirma: "La justicia engrandece a la nación; mas el pecado es afrenta de las naciones" (Proverbios 14:34). También afirma: "Mas buscad primeramente el reino de Dios y su justicia, y todas estas cosas os serán añadidas" (Mateo 6:33). Dios promete una vida buena a aquellos que lo buscan con diligencia. "Porque sacia al alma menesterosa, y llena de bien al alma hambrienta" (Salmo 107:9).

La quinta bendición profética

Bienaventurados los misericordiosos,
Porque ellos alcanzarán misericordia (Mateo 5:7).

De las ocho bendiciones proféticas, la misericordia es la más atractiva y, sin embargo, la más difícil de aplicar.

La misericordia es atractiva porque nos recuerda la bondad, el servicio desinteresado y la buena voluntad. A todo el mundo le encanta el Buen Samaritano y Florence Nightingale; ambos vivieron vidas de misericordia.

Cada persona que lee este libro debe darse cuenta cada día de su vida que sin misericordia, no hay esperanza para ninguno de nosotros. La única oración que podemos hacer es: "Dios, sé propicio a mí, pecador" (Lucas 18:13).

Si usted no tiene misericordia con otra persona, Dios no tendrá misericordia de usted. Lo más peligroso que puede hacer es negarse a mostrar misericordia. Si no se arrepiente y perdona a otros, lo que en sí mismo es un acto de misericordia, Dios dice que no lo perdonará a usted. Si Dios no lo perdona por sus pecados, entonces la vida eterna en el cielo es imposible. "Sed, pues, misericordiosos, como también vuestro Padre es misericordioso. No juzguéis, y no seréis juzgados; no condenéis, y no seréis condenados; perdonad, y seréis perdonados. Dad, y se os dará; medida buena, apretada, remecida y rebosando darán en vuestro regazo; porque con la misma medida con que medís, os volverán a medir" (Lucas 6:36–38).

Ser misericordioso no es solo dar emparedados y frazadas a la gente de la calle. No es solo hacer donaciones a la red de ayuda "United Way". Ser misericordioso es más que hacer y servir. Usted puede hacer y servir con un corazón de hierro. Usted puede hacer y servir como una máquina, un robot religioso carente de sentimientos y emociones.

La misericordia debe ser una disposición del alma. La misericordia debe ejercerse con un espíritu perdonador; la misericordia es tener un corazón compasivo. La misericordia es tener la mente de Cristo hacia aquellos que sufren o que han pecado.

La misericordia debe manifestarse en la vida del creyente. El misericordioso busca lo mejor en la vida de otras personas. El misericordioso busca una vía para restaurar al caído en vez de buscar el hollín en la vida de éste como si fuera oro. El misericordioso es lento para condenar y presto para elogiar. El misericordioso siente empatía: se pone en los zapatos del otro para ver cómo se ve la vida desde otra perspectiva.

La Biblia cuenta la historia de cierto hombre que en su camino de Jerusalén a Jericó fue víctima de ladrones que lo despojaron de su vestimenta, lo hirieron y se fueron, dejándolo medio muerto. Un sacerdote lo vio y pasó de largo. Asimismo, un levita pasó de largo. Estos hombres representaban la comunidad religiosa (Lucas 10:30–37).

La verdad es que mientras más religioso es alguien, más mecánico y menos misericordioso se vuelve. El religioso cumple con las ceremonias, pero lo hace sin compasión. Celebra el ritual, pero no tiene en cuenta la justicia. El religioso sirve a una denominación...no a Dios. El religioso tiene reuniones del comité a las que debe asistir que son más importantes que las almas que hay que salvar. Dios es un asunto secundario.

Jesús pintó un vívido cuadro de la multitud religiosa llamada *fariseos*: eran fríos, insensibles y de espíritu malvado. Eran pomposos y legalistas que ni siquiera podían deletrear la palabra *misericordia*, muchos menos ser misericordiosos.

La historia continúa: "Pero un samaritano, que iba de camino, vino cerca de él [del hombre herido], y viéndole, fue movido a misericordia" (Lucas 10:33). Vendó sus heridas y les echó aceite y vino; lo subió a su camión y lo llevó al Hospital Bautista y dijo: "Aquí tiene mi tarjeta de crédito American Express. Cuide a este hombre mientras yo regreso". ¡Eso es misericordia!

El mundo todavía recuerda al samaritano sin nombre luego de muchos siglos. ¿Por qué? No porque fue rico, no porque fue un genio, no porque fue un gran médico, sino porque *fue misericordioso*. No podía negarle su compasión a alguien que la necesitaba.

Diana y yo tenemos un dicho que hace de la misericordia una prioridad en nuestra vida diaria: "¡Pon misericordia en tu Banco de la Misericordia porque un día vas a necesitar hacer un retiro!".

Cuando usted es capaz de negar la misericordia a alguien que la necesita, ha perdido el contacto con Dios. No con la religión...con Dios. ¡No tiene misericordia!

Cristo puso al levita y al sacerdote en la misma compañía de los ladrones en esta historia. ¿Por qué? Porque cuando alguien necesitaba algo, no hicieron nada.

Ver la maldad y no enfrentarla es, de hecho, maldad.

Jesús era poderoso y era misericordioso. La misericordia lo llevó a dejar los balcones del cielo para venir a la tierra. La misericordia lo llevó a salir de la presencia de Dios el Padre para ir a un pesebre rodeado de asnos, ovejas y cabras. La misericordia lo llevó a quitarse la espléndida corona de gloria para convertirse en un rabí judío, clavado en una cruz, con saliva y sangre chorreándole por el rostro.

¿Por qué lo hizo Jesús? ¡Porque vio que usted era un esclavo del pecado y de Satanás! Lo vio caminando en oscuridad. Lo vio esclavo de la tristeza. Vio la desesperanza en su rostro y la oscuridad en su futuro. La misericordia llevó a Jesucristo a la cruz para morir en lugar suyo.

¡Deje de vivir una vida egocéntrica! Busque a alguien que necesite ayuda y bríndesela con generosidad. Jesús dijo: "Todo el que pierda su vida por causa de mí, la hallará". (Mateo 16:25). Servir a otros es la clave de la vida buena. Pruébelo; le gustará.

Con el misericordioso te mostrarás misericordioso, Y recto para con el hombre íntegro (2 Samuel 22:26).

Para siempre le conservaré mi misericordia, y mi pacto será firme con él (Salmo 89:28).

La sexta bendición profética

Bienaventurados los de limpio corazón, porque ellos verán a Dios (Mateo 5:8).

¿Qué significa ser de limpio corazón?

En los contextos griego y hebreo, *limpio de corazón* significa tener determinación. Tener determinación no es ser ingenuo o estrecho de mente. Tener determinación es estar enfocado como un rayo láser en su propósito en la vida.

La pureza de corazón es la voluntad de hacer una cosa. San Pablo dijo: "Una cosa hago" (Filipenses 3:13). Pablo estaba diciendo que estaba enfocado en el propósito de su vida con la intensidad de un rayo láser. Si quiere vivir la vida buena, entonces debe tener un corazón limpio.

San Pablo continúa hablando sobre esta *única cosa*: "olvidando ciertamente lo que queda atrás, y extendiéndome a lo que está delante". Y añade: "todo lo que es verdadero…honesto…justo…puro…amable…de buen nombre…en esto pensad" (Filipenses 4:8).

Las personas se hacen la pregunta: "¿Por qué no soy exitoso como cristiano?". La respuesta es que no se ha enfocado en el propósito más elevado de Dios para su vida. Dios tiene una tarea divina para usted que nadie más puede hacer. Usted tiene un llamado noble y santo. Encuéntrelo;

haga esa sola cosa con todo su corazón, con toda su alma, con toda su mente y con todo su ser y estará viviendo la vida buena.

Enfóquese en una cosa y luego hágala. Theodore Roosevelt afirmó: "Es mucho mejor atreverse a hacer cosas poderosas, a ganar triunfos gloriosos, a pesar de que exista la posibilidad del fracaso, que hacer fila con esos espíritus pobres que ni disfrutan mucho ni sufren mucho, porque viven "en el ocaso gris que no conoce victoria ni derrota".[10] Estados Unidos está viviendo ahora en el ocaso gris que no conoce victoria ni derrota. ¡Vivimos una época en la que nuestros amigos no confían en nosotros y nuestros enemigos no nos temen!

Es mucho mejor intentar algo grande y fracasar que planificar no hacer nada y triunfar. Los atletas olímpicos se enfocan como un rayo láser durante años en una carrera de diez segundos o en una carrera de un kilómetro y medio en cuatro minutos o en una rutina de gimnasia de dos minutos. Durante cuatro años, todo lo que comen y todo lo que hacen se enfoca en esos pocos segundos para lograr la perfección absoluta. Cruzan la meta con lágrimas de alegría porque su persistente enfoque les permitió lograr su objetivo.

⅋ PIENSE EN ESTO ⅋

Usted puede vivir la vida buena cuando cumple
la tarea que Dios le ha dado en la vida.

Los limpios de corazón tienen acceso a Dios. Se encuentran entre los más favorecidos en el reino de Dios. Ahora y en el futuro, los limpios de corazón verán a Dios. Moisés vio al Señor en una zarza ardiente y libró a los hebreos de la mano de hierro de Faraón. Ese momento con Dios transformó a Moisés de un simple pastor a un hombre con la pasión de un rayo láser que acabó con el paganismo de Egipto y liberó a Israel.

Los discípulos se dispersaron aterrorizados hasta que vieron al Hijo de Dios resucitado. Pedro había maldecido y negado al Señor. Tomás dudó que Jesús fuera el Mesías. Todos los discípulos regresaron a sus redes de pescar, diciendo: "Olvídenlo, el precio de seguir a Jesucristo es demasiado alto".

Entonces, cuando vieron al Señor en la orilla del mar de Galilea, hubo un cambio instantáneo y permanente. Pedro predicó en Pentecostés y se salvaron tres mil. Caminaba por la calle y los enfermos se sanaban por su sombra. La historia registra que los discípulos fueron voluntariamente al matadero para ser decapitados, los crucificaron bocabajo, los echaron en prisión y los sentenciaron al exilio en Patmos; pero, a pesar de todo eso, permanecieron fieles en su enfoque en la voluntad de Dios para sus vidas.

¿Qué cambió a esos hombres de cobardes que se escondían en las sombras a leones de Dios? La respuesta es: ellos vieron al Señor resucitado. Tocaron su costado herido. Comieron pan y peces con Él en el mar de Galilea. Los fantasmas no dejan migajas y espinas de pescado en la playa.

Los discípulos se convirtieron en leones de Dios porque sabían que Jesús era la resurrección y la vida. Estaban dispuestos a morir, pero no por un fantasma, no por un recuerdo, no por una tumba con un carpintero muerto dentro. Ellos vieron al Señor de la gloria, al Cordero de Dios, al León de Judá, a la Luz del mundo y sabían que había un reino eterno. Ellos entregaron sus vidas por ese mensaje y por ese reino.

Cuando usted mire al Señor, sus cargas se desvanecerán porque Él las llevará. Cuando usted mire al Señor, la oscuridad de su noche se convertirá en un brillante y glorioso amanecer. Cuando usted mire al Señor, las cadenas de la tristeza y el yugo de la adicción se romperán.

Habiendo purificado vuestras almas por la obediencia a la verdad, mediante el Espíritu, para el amor fraternal no fingido, amaos unos a otros entrañablemente, de corazón puro (1 Pedro 1:22).

La séptima bendición profética

Bienaventurados los pacificadores, porque ellos serán llamados hijos de Dios (Mateo 5:9).

La paz es algo muy preciado. Un antiguo poeta dijo en cierta ocasión: "Amontona sobre otros hombres los tesoros del mundo, pero dame la bendición de la paz".

Los estadounidenses están enfrascados en una búsqueda frenética de la paz. Hay muchas *cosas* que deseamos: salud, amor, riquezas, belleza, talento, poder, pero sin paz mental, todas esas cosas provocan tormento en vez de alegría. Si tenemos paz, independientemente de las otras cosas que nos puedan faltar, la vida es bella. Sin paz, incluso un palacio forrado en oro es una penitenciaría.

Paz no es tranquilidad absoluta. Paz no es evadir el riesgo y la responsabilidad. Paz no es seguridad total. Paz no es ausencia de tensión, lo que se considera como el refugio de una vida sin problemas. En este mundo frenético, no existe tal cosa como una seguridad total o una ausencia de tensión. Orar para obtener un refugio del riesgo y la responsabilidad es orar por la paz que produce la muerte. No hay paz en alejarse o retirarse de la vida.

Cuando Jesús afirmó: "Ven, sígueme, tomando tu cruz" (Marcos 10:21), nos estaba diciendo que asumiéramos nuestra tarea.

Hay gigantes que derrotar, montañas que escalar, poderes y principados que conquistar. El cristianismo es el llamado a una vida llena de acción, no el llamado a una muerte pasiva.

La paz se gana cuando acompañamos a Dios en la tormenta. Hay paz porque Él es el Dueño del viento y de las olas. Su promesa de "Calla, enmudece" todavía conquista las tribulaciones de la vida.

En el valle más oscuro hay paz, como afirmó David: "Aunque ande en valle de sombra de muerte, no temeré mal alguno" (Salmo 23:4).

La paz es un regalo de Dios. Si no nos rendimos totalmente a Jesucristo, la paz no es posible. La idea de paz universal en un mundo esclavo del materialismo que ha rechazado a Cristo, que odia a Dios y ama el placer es un sueño totalmente imposible. La paz es un regalo de Dios y este regalo solo lo reciben quienes se arrodillan delante de su Hijo Jesucristo, como el Señor y Salvador.

No puede haber paz mental hasta que haya paz con Dios. En el corazón de todo hombre existe un sentido de injusticia propia y un hambre por la justicia. El desasosiego del corazón es el *sentido de convicción* y no servirá para nada barrerlo y meterlo debajo de la alfombra o llevarlo a la orilla del mar o a las montañas de algún Shangri-La del olvido. El desasosiego viene de adentro.

Nuestra generación ha descartado el concepto de responsabilidad. En vez de ello, hemos escogido aliviar nuestra conciencia y excusar nuestra irresponsabilidad moral.

Hemos tratado de reajustar nuestras actitudes y manipular nuestras emociones. Hemos buscado inventos que nos hagan sentir bien sin ser buenos. Hemos tratado de alejar el mal sin abandonarlo. Al final, hemos buscado la paz mental siempre que no tenga un precio moral. Dicho de otra manera, queremos los regalos de Dios sin la necesidad de Dios.

La *adaptación* es el nuevo evangelio: acepte sus pecados, no se enfrente a ellos. Estamos en busca de una coartada para que se reduzca el dolor de la conciencia por el fracaso moral. Nos sentimos culpables porque *somos* culpables.

⌄PIENSE EN ESTO⌄

El sentido de convicción moral es un regalo divino de parte de Dios.

Las últimas palabras de nuestro Señor a la iglesia no fueron la Gran Comisión. Lo último que nuestro Señor dijo a la iglesia fue que se *arrepintiera*. El mensaje de Apocalipsis 2:5 es "Arrepiéntete...pues si no".

La verdadera paz es una paz duradera. Confiese sus pecados en arrepentimiento y sea lleno del Espíritu Santo. Asuma la responsabilidad por su vida, busque la justicia en primer lugar y la verdadera paz vendrá. "La paz os dejo, mi paz os doy; yo no os la doy como el mundo la da. No se turbe vuestro corazón, ni tenga miedo" (Juan 14:27).

La octava bendición profética

Bienaventurados los que padecen persecu-
ción por causa de la justicia, porque de ellos
es el reino de los cielos (Mateo 5:10).

¿A quién le gusta que lo persigan? ¿Quién quiere ver su nombre en los titulares de algún periódico o escucharlo en la televisión en la sección de *noticias de última hora* siendo víctima de mentiras y distorsiones acerca de algo que usted nunca dijo o hizo? A nadie le gusta ser objeto de difamación. El linchamiento de alta tecnología se ha convertido en una forma de arte en los medios de prensa en Estados Unidos.

¿Por qué las personas buenas sufren persecución? Aquí hay una ley espiritual que es tan invariable como la ley de la gravedad: "Todos los que quieren vivir piadosamente en Cristo Jesús padecerán persecución" (2 Timoteo 3:12).

Desde Génesis 1:1 hasta el fin de los siglos, ha existido y existirá una batalla violenta entre el reino de la luz y el reino de la oscuridad. Estados Unidos está actualmente enrolado en una guerra cultural que se ha constituido en un choque entre el bien y el mal. Es un choque entre civilizaciones. Si usted está del lado bueno, el mal lo atacará, lo calumniará, lo criticará y dirá mentiras en su contra. La naturaleza de un cerdo es amar la suciedad y, de la misma manera, la naturaleza de un impío es calumniar y perseguir al justo. Jesús afirmó: "Si fuerais *del* mundo, el mundo amaría lo *suyo*; pero porque no sois del mundo...el mundo os aborrece" (Juan 15:19).

Santiago escribió: "La amistad del mundo es enemistad contra Dios" (Santiago 4:4). En un tiempo de guerra, no se puede esperar la buena voluntad del enemigo. Satanás enviará a aquellos que lo siguen para que lo difamen, lo calumnien, lo ridiculicen y lo critiquen sin motivo alguno.

No obstante, no puede permanecer en ambos lados de la batalla. Recuerde al soldado en la Guerra Civil que usó la camisa de los Rebeldes y los pantalones de la Unión, ¡le dispararon tanto por el frente como por la espalda! ¡Tiene que decidir de qué lado está! ¡O bien es un siervo de Jesucristo o un esclavo de Satanás! La elección es suya.

Jesús nunca permitió que la crítica implacable de los fariseos le impidiera continuar en la senda para alcanzar su objetivo eterno porque Él sabía quién era. Sabía quién lo había enviado. Conocía su mensaje. Sabía que iba a morir por los pecados del mundo. Conocía su propósito divino. La Biblia afirma: "Conoceréis la verdad, y la verdad os hará libres" (Juan 8:32).

Cuando usted entienda esta verdad, estará libre del temor a la crítica. Estará libre de aquellos que intentan dominarlo o manipularlo. Estará libre para alcanzar las grandezas que Dios tiene para usted.

¿Cuál es la reacción en el Nuevo Testamento frente a la crítica injusta y la calumnia? La orden directa de Dios es "Gozaos y alegraos" (Mateo 5:12). ¡Ríase! Ríase de sus críticos. Ríase del maligno. La victoria en suya en el nombre de Jesús.

La palabra *gozo* casi ha desaparecido del cristianismo. El mundo está cansado de cristianos con caras largas. Santiago afirmó: "Tened por sumo gozo cuando os halléis en diversas pruebas" (Santiago 1:2). Cuando lo persigan, recuerde que lo están persiguiendo por su amor al Reino. ¡Sin dolor no hay ganancia! Sin cruz no hay corona. Sin lucha no hay éxito. Sin persecución no hay recompensa.

A menudo cito a un gigante de la historia mundial llamado Winston Churchill. El 13 de mayo de 1940, durante su primer discurso en el Parlamento después de su designación como Primer Ministro durante la Segunda Guerra Mundial, Churchill hizo un llamado a la unidad de los hombres de su país que es válido para todos nosotros los que deseamos luchar por la victoria espiritual sin desmayar.

Yo diría a la Cámara, como dije a todos los que se han incorporado a este Gobierno: "No tengo nada más que ofrecer que sangre, esfuerzo, lágrimas y sudor".

Tenemos ante nosotros una prueba de la más penosa naturaleza. Tenemos ante nosotros muchos, muchos, largos meses de combate y sufrimiento. Me preguntáis: ¿Cuál es nuestra política? Os lo diré: Hacer la guerra por mar, por tierra y por aire, con toda nuestra potencia y con toda la fuerza que Dios nos pueda dar; hacer la guerra contra una tiranía monstruosa, nunca superada en el oscuro y lamentable catálogo de crímenes humanos. Esta es nuestra política. Me preguntáis: ¿Cuál es nuestra aspiración? Puedo responder con una palabra: Victoria, victoria a toda costa, victoria a pesar de todo el terror; victoria por largo y duro que pueda ser su camino; porque, sin victoria, no hay supervivencia. Tened esto por cierto; no habrá supervivencia para todo aquello que el Imperio Británico ha defendido, no habrá supervivencia para el estímulo y el impulso de todas las generaciones, para que la humanidad avance hacia su objetivo. Pero yo asumo mi tarea con ánimo y esperanza. Estoy seguro de que no se tolerará que nuestra causa se malogre en medio de los hombres. En este tiempo me siento autorizado para reclamar la ayuda de todas las personas y decir: "Venid, pues, y vayamos juntos adelante con nuestras fuerzas unidas".[11]

Winston Churchill se hizo eco de las palabras de San Pablo a los cristianos que vivían en Roma y que estaban sufriendo persecución: "Porque vuestra obediencia ha venido a ser notoria a todos, así que me gozo de vosotros; pero quiero que seáis sabios para el bien, e ingenuos para el mal. Y el Dios de paz aplastará en breve a Satanás bajo vuestros pies. La gracia de nuestro Señor Jesucristo sea con vosotros" (Romanos 16:19–20).

Cristo nuestro Redentor amado conocía de antemano las batallas que enfrentaríamos, de modo que impartió ocho bendiciones proféticas a sus hijos que les cambiarían la vida. Estas bendiciones son las claves del Reino de Dios que garantizan la vida buena y la victoria absoluta sobre el mundo, la carne y el maligno a todo aquel que las recibe.

Mis hermanos y hermanas en Cristo, estamos enrolados en una guerra por nuestra propia supervivencia moral y espiritual. Dios, nuestro Padre eterno, nos ha dado una orden. Debemos "buscar primeramente el reino de Dios y su justicia, y todas estas cosas os serán añadidas" (Mateo 6:33).

SECCIÓN 3:

LIBERAR Y RECIBIR LA BENDICIÓN

Capítulo ocho

LIBERAR LA BENDICIÓN PROFÉTICA PROCLAMANDO LA PALABRA

Una campana no es campana hasta que la haces sonar.
Una canción no es canción hasta que la cantas.
Y el amor en tu corazón no fue puesto para quedarse ahí.
El amor no es amor...hasta que lo das.[1]

⋎

La mayoría de nosotros estamos familiarizados con estas palabras que fueron escritas por el incomparable compositor y poeta Oscar Hammerstein. Más que poéticas, estas palabras también son muy reales. Así como "el amor no es amor hasta que lo das", una bendición no puede convertirse en bendición hasta que se pronuncia por alguien que tiene autoridad espiritual. ¿De qué sirve aprender sobre el poder de la bendición profética si no sabes cómo aplicarla?

EL PODER DE LAS PALABRAS PARA
BENDECIR Y MALDECIR

El lenguaje es un regalo de Dios. El hombre es la única criatura a quien Dios le dio el poder de comunicarse mediante las palabras. Las palabras son una copia de tu mente, un reflejo de tu corazón, y al usarlas pintan un cuadro de tu alma. Como la mayoría de las pinturas, pueden ser bellas de forma inspiradora ¡o completamente feas! Jesús estaba muy consciente de lo que nuestras palabras revelan porque dijo: "de la abundancia del corazón habla la boca" (Mateo 12:34).

Las palabras tienen el poder de producir consuelo y sanidad, o herida y destrucción. El apóstol Santiago escribió: "la lengua es un fuego, un mundo de maldad...y ella misma es inflamada por el infierno" (Santiago 3:6).

⚡PIENSE EN ESTO⚡

La lengua es una criatura sin huesos más letal que una serpiente cascabel; está al acecho tras la cerca esmaltada de sus dientes, siempre lista para atacar.

El estadista y clérigo francés del siglo diecisiete, el Cardenal Richelieu describió con precisión en *Testament Politique* el poder de las palabras: "Las palabras han destruido una horda más grande que la espada; las heridas que causan la espada pronto sanan, pero las heridas que causa la lengua nunca sanan".

¿Cuántas amistades se han arruinado, cuántos hogares han naufragado, cuántas iglesias se han destruido, cuántos divorcios se han planteado, cuántas guerras sangrientas han comenzado por el poder de las palabras?

Las palabras tóxicas corrompen y contaminan la mente. Hay palabras de sospecha, palabras de amargura y palabras de muerte. Cada persona que lea este libro conoce a alguien cuya vida ha sido envenenada por el poder de las palabras.

El poder de la vida y la muerte están en la lengua. Jesús fue asesinado por las palabras de calumniadores antes de que Roma lo crucificara en la cruz. Salomón escribió en Proverbios 18:21: "La muerte y la vida están en poder de la lengua, Y el que la ama comerá de sus frutos".

Observe las opciones extremas que Dios ofrece en este versículo. *Muerte* o *vida,* no hay términos medios. No hay un punto medio, todo lo que sale de su boca produce esperanza o desánimo, una bendición o una maldición, vida o muerte. Santiago continúa en su epístola: "Si alguno se cree religioso entre vosotros, y no refrena su lengua, sino que engaña su corazón, la religión del tal es vana" (Santiago 1:26).

A menudo escucho a alguien usar palabras hirientes y luego terminar la frase así: "No era mi intención" o "¡Estaba bromeando!". Usted estaría bromeando, pero sus palabras no, estas causan dolor e insulto de cualquier manera.

Un relato judío ilustra vívidamente el peligro de un lenguaje inapropiado: Un hombre andaba por la comunidad contando mentiras malévolas sobre el rabino. Después se dio cuenta del mal que había causado y comenzó a sentir remordimientos. Fue al rabino y le suplicó su perdón, y le dijo que haría cualquier cosa para compensarle. El rabino le dijo al hombre: "Toma una almohada de plumas, ábrela, y esparce las plumas al viento". El hombre pensó que aquella era una extraña petición, pero era una tarea simple, así que lo hizo con gusto. Cuando regresó a contarle al rabino que había hecho lo que le pidió, el rabino le dijo: "Ahora ve y recoge las plumas".

El hombre se quedó aturdido. "Rabino, ¡esta tarea es imposible!". A lo que el rabino respondió: "Exactamente. Así como no puedes recoger las plumas que el viento se ha llevado, tampoco puedes reparar el daño que tus palabras han causado".[2]

⚡ PIENSE EN ESTO ⚡

Cuando las palabras se dicen son como plumas: se esparce fácilmente pero no pueden recogerse con tanta facilidad.

Las palabras también se han comparado con una flecha: una vez que se disparan, no se pueden recuperar, y el daño que causan no puede detenerse ni predecirse. Porque las palabras, como las flechas, a menudo se desvían.[3]

A continuación, algunas palabras sabias que usted debe guardar en el banco de su cerebro y que le ayudarán a llevar una vida exitosa:

- No se requieren muchas palabras para decir la verdad.[4]
- Las palabras pueden dejar una cicatriz más profunda que el silencio nunca puede sanar.[5]

- Las palabras amables se dicen rápido pero su eco es eterno.[6]

⋎ PIENSE EN ESTO ⋎

Todos enfrentaremos *todas* nuestras palabras en el día del juicio. La Biblia dice: "Porque por tus palabras serás justificado, y por tus palabras serás condenado" (Mateo 12:37).

EL PODER DE LAS PALABRAS EN LA CREACIÓN

La declaración "dijo Dios..." aparece más de diez veces en el capítulo uno de Génesis, lo que establece el poder de las palabras.

Con una declaración Dios quitó la fuerza de la oscuridad sobre la tierra. Él dijo: "Sea la luz" y nació el poder maravilloso y misterioso de la luz. Nadie puede decirnos lo que es la luz, solo lo que hace. Es uno de los elementos más misteriosos del universo. Los hombres han intentado controlar la luz y, en su esfuerzo, han complicado su propósito, porque la luz se ha convertido en un nuevo absoluto de la física y es el núcleo de $E = mc^2$, una fórmula que dio paso a la era atómica.[7]

Dios continuó creando el universo con el poder sobrenatural de la palabra profética. *"Luego dijo Dios:* Haya expansión en medio de las aguas, y separe las aguas de las aguas" (Génesis 1:6). Mediante el poder sobrenatural de las palabras Dios separó las nubes de las aguas. No es algo fácil, amigos míos, porque el agua pesa 773 veces lo que pesa el aire, y ahí están, suspendidas en el aire sobre los océanos del mundo, un estimado de 54.5 billones de toneladas de vapor.[8] ¡Por fin un número que es mayor que nuestra deuda nacional!

"Después dijo Dios: Produzca la tierra hierba verde, hierba que dé semilla; árbol de fruto que dé fruto según su género, que su semilla esté en él, sobre la tierra. Y fue así" (Génesis 1:11). La naturaleza, con todo su esplendor, fue creada por el poder de las palabras de Dios. Es importante señalar cómo Moisés clasificó la vida vegetal porque "los botanistas usan una división similar para separar las plantas en acotiledóneas, las plantas que no tienen semillas; monocotiledóneas, las plantas que producen semillas; y las dicotiledóneas, las plantas que producen frutos. Este sistema de clasificación, resultado de siglos de investigación, todavía se utiliza hoy y fue escrito por Moisés en la primera página de la Biblia".[9]

"Dijo luego Dios: Haya lumbreras en la expansión de los cielos para separar el día de la noche; y sirvan de señales para las estaciones, para días y años, y sean por lumbreras en la expansión de los cielos para alumbrar sobre la tierra. Y fue así. E hizo Dios las dos grandes lumbreras; la lumbrera mayor para que señorease en el día, y la lumbrera menor para que señorease en la noche; hizo también las estrellas" (Génesis 1:14–16).

⌄PIENSE EN ESTO⌄

La Biblia utiliza cincuenta capítulos para explicar la construcción y el significado del tabernáculo en el desierto; sin embargo, solo cuatro palabras para explicar las estrellas del cielo. ¿Cuán grandes son las estrellas? La estrella Antares es tan grande que podría tragarse 64 millones de soles del tamaño del nuestro.[10]

No fue nada para Dios crear el universo. Para crearlo él solo tuvo que hablar. Sin embargo, fue el silencio de Dios lo que hizo posible la redención al permitir que su hijo fuera crucificado por lo creado.

LA PALABRA Y EL ESPÍRITU OBRANDO JUNTOS

En su libro *The Power of Proclamation* [El poder de la proclamación], Derek Prince introdujo el concepto de que la Palabra de Dios escrita y el Espíritu obran juntos para producir el poder de la Palabra hablada. Por ejemplo, cuando Dios creó al hombre, Él dijo: "Hagamos al hombre a nuestra imagen [Dios y Jesús], conforme a nuestra semejanza" (Génesis 1:26). En el capítulo siguiente, la Palabra dice: "Entonces Jehová Dios formó al hombre del polvo de la tierra, y sopló en su nariz aliento de vida, y fue el hombre un ser viviente" (Génesis 2:7). De nuevo la palabra hebrea para "aliento" es *ruach*, que significa "espíritu" y con respecto a este versículo en particular, *ruach* o *aliento* se refiere al Espíritu de Dios.[11]

Para darle vida a Adán, Dios literalmente le infundió su propio Espíritu. El rey David habló de este mismo poder creativo cuando declaró: *"Por la palabra de Jehová fueron hechos los cielos, Y todo el ejército de ellos por el aliento de su boca... Porque él dijo, y fue hecho; El mandó, y existió"* (Salmos 33:6, 9).

Es la Palabra de Dios la que realiza la obra sobrenatural, no el hombre, pues incluso Jesús dijo: *"No puede el Hijo hacer nada por sí mismo, sino lo que ve hacer al Padre; porque todo lo que el Padre hace, también lo hace el Hijo igualmente"*. Nosotros también transmitimos la bendición profética cuando la proclamamos con un corazón que cree y con labios que creen.[12]

⩔ PIENSE EN ESTO ⩔

Dios es la fuente y el poder de su Palabra; nosotros somos sencillamente sus vasos para liberar y recibir el poder de la bendición profética.

EL PODER SOBRENATURAL DEL LENGUAJE DE JESÚS

Cuando Jesús y sus discípulos cruzaban el mar de Galilea, se levantó una gran tempestad al punto que los discípulos—algunos de ellos eran pescadores profesionales—se aterrorizaron, pensaban que sin duda morirían.

Los asustados discípulos despertaron a Jesús y gritaban en medio de los vientos huracanados y las olas que golpeaban el bote: "Maestro, ¿no tienes cuidado que perecemos? Y levantándose, reprendió al viento, y dijo al mar: Calla, enmudece. Y cesó el viento, y se hizo grande bonanza" (Marcos 4:38–39). Él habló... ¡y fue hecho!

Jesús se paró frente a la tumba de Lázaro cuatro días

después de su muerte y sencillamente dijo: "¡Lázaro, ven fuera! Y el que había muerto salió" (Juan 11:43–44). Él habló... ¡y fue hecho!

Los leprosos se veían forzados a vivir fuera de la ciudad en una colonia aislada hasta que la muerte, misericordiosamente, ponía fin a su penoso sufrimiento. Sin embargo, un leproso se las arregló para llegar a Jesús y hacer una sencilla declaración: "Señor, si quieres, puedes limpiarme. Entonces, extendiendo él la mano, le tocó, diciendo: Quiero; sé limpio" (Lucas 5:12–13). Él habló... ¡y fue hecho!

Esta voz que calmó el mar, levantó al muerto y curó al leproso fue la misma voz que habló a las tinieblas en la mañana de la creación, y la oscuridad huyó de la faz de la tierra.

Yo puedo leer su mente ahora mismo. Usted está diciendo: "Pastor Hagee, todo el mundo sabe que el lenguaje de Dios, y el de su Hijo, es sobrenatural... ¡pero el mío no!". ¡Está equivocado! Su lenguaje expresa el poder Dios cada vez que usted proclama la Palabra de Dios.

Cada vez que Derek Prince ocupaba el púlpito, hablaba de la Palabra de Dios y su poder para sanar a los enfermos, liberar a los oprimidos y redimir a los perdidos. Derek conoció a su Salvador cara a cara hace varios años, y yo lo extraño mucho; sin embargo, él dejó conmigo, y con otros millones de creyentes, enseñanzas que están grabadas en nuestros corazones para la eternidad. Nunca olvidaré la hermosa manera en que describía el poder infinito de la Palabra de Dios. Permítame compartir con usted una porción de su mensaje inspirador:

Todo creyente que crea en la Biblia tiene una vara en su mano: la Palabra de Dios. Piense en su Biblia como el único instrumento que necesita para poder hacer todo lo que Dios le llame a hacer.

Lo primero que usted necesita comprender es el poder de la palabra de Dios. Es un libro sobrenatural. Al igual que la vara de Moisés, tiene poder. Esto no es obvio cuando uno lo piensa por primera vez, pero cuando lo comprende, el poder en realidad es ilimitado.[13]

Es crucial que usted comprenda cuán poderosas pueden ser sus palabras para revolucionar su vida, su matrimonio, sus hijos y su negocio, así como para moldear su futuro, literalmente.

Cada vez que las palabras que decimos están de acuerdo con la Palabra de Dios, Jesús, el Sumo Sacerdote de nuestra confesión, liberará su autoridad y su bendición desde el cielo sobre nuestras palabras aquí en la tierra (Hebreos 3:1). Usted tiene un poder sobrenatural increíble mediante su lenguaje con dirección divina.

Si usted se niega a proclamar la Palabra de Dios sobre su vida y las vidas de sus seres queridos mediante la bendición profética, se está separando de su Sumo Sacerdote en el cielo. Dios solo puede involucrarse en su vida y sus sueños para el futuro cuando usted clama a Él en oración. La iniciativa está en *usted*. La Biblia dice: "y todo lo que atares en la tierra será atado en los cielos; y todo lo que desatares en la tierra será desatado en los cielos" (Mateo 16:19). Dios está esperando escuchar de usted antes de liberar su poder para implementar en usted el lenguaje divino.

EL PODER PARA ESCULPIR SU FUTURO

La bendición profética proclamada por la autoridad delegada por Dios ha tenido un impacto profundo en mi vida y ministerio. En 1987 tuvimos una semana de servicios cuando dedicamos la iglesia Cornerstone. Mi padre, el reverendo William Bythel Hagee, llamó a existencia la siguiente bendición profética sobre mí mediante su oración de dedicación:

Padre nuestro que estás en los cielos, venimos delante de ti hoy con corazones rebosantes de gratitud por tu fidelidad. "Si el Señor no edificare la casa, en vano trabajan los que la edifican". Esta casa de adoración es obra tuya y es preciosa ante tus ojos.

Padre celestial, acepta la obra de nuestras manos como un sacrificio de alabanza para tu santo nombre. Permite que esta casa de oración sea un faro para un mundo que camina a tientas en una oscuridad espiritual. Que tu Palabra salga de este lugar hacia los confines más lejanos de la Tierra y que nazcan innumerables hijos e hijas en el reino de Dios.

Que sea para nosotros y nuestros hijos, a lo largo de los años venideros, un lugar sagrado de recuerdos bendecidos. Que sea un refugio en medio de las preocupaciones y cargas de la vida. Que sea un refugio en tiempos de tormenta. Llena este santuario con tu Espíritu Santo y llénanos con tu amor, paz y gozo. Ya que es en vano erigir un templo sin la consagración de las personas, te ofrecemos nuestras vidas hoy de nuevo como tus siervos, Señor. Que tu Palabra habite en nuestros corazones. Que aquí seamos cambiados a tu imagen gloriosa. Permite que recordemos que eres tú la Piedra Angular [Cornerstone] de esta iglesia. Tú eres el precioso. Tú eres la Roca de nuestra Salvación.

Padre nuestro, bendice a aquellos a quienes ministremos aquí. Que sean vasos dignos para el uso del Maestro. Dales fortaleza para la trayectoria. Unge su ministerio para llevar a las almas de los hombres en los caminos de la justicia. Cuando atraviesen estas puertas corazones cansados, enfermos por el pecado y hambrientos, permiten que encuentren el agua viva y el pan de vida. Escucha nuestra oración, Señor, nuestro Dios, nuestro Rey y nuestro redentor. Estas cosas las pedimos en el precioso nombre de nuestro Señor y Salvador Jesucristo, amén.[14]

Me siento muy conmovido cada vez que leo esta poderosa declaración sobre mi vida. ¿Por qué? Porque fue dicha con fe por la autoridad delegada de Dios sobre mi vida; fue dicha en acuerdo con la Palabra de Dios y yo la recibí y he hecho lo que sea necesario para que se cumpla.

Diana y yo asistimos al Congreso Internacional de Empresarios Cristianos en la Universidad Oral Roberts University en 1991, que se realizó en el Mabee Center. Yo servía en la junta de regentes en aquel entonces y también era uno de los oradores de la conferencia.

Lo menos que imaginaba era que la sesión plenaria final sería un momento en el tiempo que ayudaría a esculpir nuestro futuro. Diana y yo estábamos sentados en la primera fila con Oral Roberts mientras el orador enseñaba sobre Habacuc 2:2–3, que declara:

> *Escribe la visión,*
> *Y declárala en tablas,*
> *Para que corra el que leyere en ella.*
> *Aunque la visión tardará aún por un tiempo,*
> *Mas se apresura hacia el fin, y no mentirá;*
> *Aunque tardare, espéralo,*
> *Porque sin duda vendrá,*
> *No tardará.*

Escuchamos al orador desarrollar el concepto de escribir las cosas que nos gustaría lograr en el futuro. Busqué mi Biblia y Diana y yo acordamos escribir la visión que teníamos para nuestras vidas y hacer una profesión de fe en que Dios lo haría realidad. Quién iba a decir que todo lo que escribimos en esa Biblia aquel día sucederían en los siguientes veinte años tal y como estaba escrito.

Nuestra proclamación para el futuro:

Construir un ministerio de televisión nacional que alcanzaría a los Estados Unidos y al mundo con el objetivo de predicar el evangelio al mundo.

Construir una iglesia neotestamentaria llena de las señales y milagros del Nuevo Testamento que bendijera a la ciudad de San Antonio y a los Estados Unidos.

Construir un centro de conferencias que recibiera a las naciones del mundo para restaurar, unir, capacitar y enseñar a los perdidos, los quebrantados de corazón y los desanimados, y para sanar a los enfermos y ofrecer liberación a los oprimidos.

Hacer todo esto para la gloria de Dios el Padre y de su Hijo, Jesucristo, mediante el poder del Espíritu Santo.

—18 DE JUNIO DE 1991, ICBM CONFERENCE,
ORAL ROBERTS UNIVERSITY

Tengo esta declaración de visión enmarcada en mi oficina. Mi vida es una prueba viviente de que la palabra hablada tiene el poder para establecer su futuro cuando está de acuerdo con la Palabra y la voluntad de Dios.

Busque la visión de lo que usted quiere que Dios haga con su vida, su matrimonio, su ministerio, su negocio o su trabajo, sus hijos y sus nietos. Atrévase a creer que Jesucristo es el Sumo Sacerdote de su bendición profética. Tenga fe en que Él dará su poder y autoridad para cumplir la bendición sobre su vida de acuerdo con su Palabra. Viva de acuerdo con su proclamación profética y vea a Dios obrar a su favor.

La historia de Matthew

Diana y yo nos hemos ganado el derecho de mimar a nuestros nietos más allá de lo que podemos contar. Mis propios hijos saben que cuando sus hijos cruzan mi puerta, entra en la casa del *"¡sí!"*.

Sí, puedes tomar helado en el desayuno. Sí puedes comer chocolate antes de la cena. Sí, puedes ver muñequitos hasta que te duermas.

Nos divertimos mucho criando a nuestros cinco hijos y estamos pasando un tiempo maravilloso con nuestros doce nietos. ¡Somos verdaderamente bendecidos! Estamos comenzando a registrar las historias de nuestros nietos, sumándolas a las listas de historias de sus padres. Permítame compartir con ustedes un poco de la historia de Matthew.

Cuando nuestro hijo Matthew tenía como nueve años, le dijo a su madre mientras ella lo acostaba un sábado en la noche: "Necesito hablar con papi".

Mi esposa es extremadamente curiosa. La declaración de Matt: "Necesito hablar con papi" produjo una ráfaga de preguntas de parte de su madre. "¿De qué tienes que hablar con papi? ¿Hay algún problema? ¿Hiciste algo malo? Es sábado en la noche, tú sabes que tu papá está en su estudio preparando el sermón de mañana".

Matt se mantuvo firme. "Mami, necesito hablar con papi esta noche, ¡y necesito hacerlo ahora!".

Diana vino a mi estudio con una mirada de mucha preocupación y repitió el mensaje de Matthew. Yo le pregunté: "¿De qué quiere hablar?".

Ella respondió: "no quiere decirme; dijo que eres tú con quien quiere hablar".

Cerré mi Biblia, puse las notas del sermón en el maletín y subí las escaleras al cuarto de Matthew. Las ideas se agolpaban en mi cabeza mientras trataba de imaginar qué había pasado en la joven vida de Matthew que le hiciera pedir hablar conmigo de manera tan urgente.

De nuestros cinco hijos, Matthew fue siempre el más conversador y elocuente. Él prácticamente nació hablando. Comenzó a hablar con oraciones completas tan rápido que a los adultos les resultaba divertido sostener conversaciones con él incluso de niño.

Entré a su habitación, que estaba débilmente iluminada por una lamparita junto a su cama. Yo podía ver las lágrimas en sus ojos y mi factor de preocupación se disparó. *¿Qué había pasado? ¿Qué había hecho?* Sentí alivio de que era demasiado joven como para asaltar un banco, usar drogas o ir tras las chicas. *¿Qué podría hacer un niño de nueve años que le llevara a las lágrimas?*

Me arrodillé junto a su cama mientras las lágrimas corrían por sus mejillas. Me derretí como mantequilla.

—¿Qué pasó, Matt?

—Papi—dijo con una voz temblorosa—, dije algo hoy que siento que ha ofendido a Dios.

—¿Quieres hablar de eso?

—¡No! Solo quiero asegurarme antes de irme a dormir que Dios me perdonará, y si tú se lo pides, sé que lo hará.

Mientras escuchaba atentamente, pensé en el profeta Samuel, quien de niño escuchó la voz del Señor llamándole cuando el sumo sacerdote de Israel no escuchó la voz de Dios. Desde el momento en que Matthew nació, Diana y yo habíamos orado la doble bendición sobre su vida: "Cuando habían pasado, Elías dijo a Eliseo: Pide lo que quieras que haga por ti, antes que yo sea quitado de ti. Y dijo Eliseo: Te ruego que una doble porción de tu espíritu sea sobre mí" (2 Reyes 2:9).

En un instante esta conversación junto a la cama pasó de ser una simple conversación con papi a un momento en el tiempo donde la mano de Dios estaba moldeando el futuro de un hijo...mi hijo. Cambié de consejero a ser el sumo sacerdote de mi casa.

Le pedimos perdón a Dios y luego puse mis manos sobre la cabeza de Matt y oré la bendición sacerdotal sobre mi hijo. Después de la bendición le pedí al Señor que lo protegiera de las fuerzas del mal, que le perdonara sus ofensas, que le concediera buena salud y que enviara ángeles delante y detrás de él para guiarlo todos los días de su vida.

Le pedí al Señor que llevara a Matthew al servicio de Dios como un ministro del evangelio y que le diera una esposa piadosa e hijos piadosos que fueran para siempre una fuente de gozo en su vida. Nos abrazamos fuertemente y salí de su habitación, donde me encontré con Diana, que estaba sentada en la parte de arriba de las escaleras. Le conté la historia y nos abrazamos y lloramos, dándole gracias a Dios por nuestro hijo, por su sensibilidad al Espíritu Santo y por su futuro.

Veinticinco años después, cada palabra de aquella bendición profética se ha hecho realidad.[15]

¿Usted quiere tener un impacto positivo en el futuro de su vida y en las vidas de sus seres queridos? ¿Quiere renovar y revigorizar su matrimonio estancado? ¿Quiere infundir esperanza y prosperidad a su negocio y sus finanzas? ¿Quiere romper con el yugo de la enfermedad en su familia? ¿Le gustaría tener el favor ilimitado de Dios? ¡Usted tiene el poder de impactar para siempre el futuro de sus hijos y nietos!

¡No espere un minuto más! Comience a orar por sus hijos y sus nietos y a pedirle a Dios que le revele qué debe orar por sus vidas. Una vez que tenga una palabra clara de parte del Señor, entonces con amor ponga sus manos sobre ellos y proclame la bendición sacerdotal, seguida de la bendición profética, y vea cómo Dios comienza a obrar en sus vidas.

LA PALABRA HABLADA ES UN ARMA DE GUERRA

La Biblia nuevamente pinta un cuadro de la Palabra hablada en Efesios 6 mediante la enseñanza de la armadura de Dios:

> *Por tanto, tomad toda la armadura de Dios, para que podáis resistir en el día malo, y habiendo acabado todo, estar firmes... Y tomad el yelmo de la salvación, y la espada del Espíritu, que es la palabra de Dios; orando en todo tiempo con toda oración y súplica en el Espíritu, y velando en ello con toda perseverancia y súplica por todos los santos; y por mí, a fin de que al abrir mi boca me sea dada palabra para dar a conocer con denuedo el misterio del evangelio, por el cual soy embajador en cadenas; que con denuedo hable de él, como debo hablar (vv. 13, 17–20).*

En este pasaje la "espada" se refiere a la Palabra de Dios como tal (véase Apocalipsis 1:16, "de su boca salía una espada aguda de dos filos"). Y el "Espíritu" es el *aliento* o *ruach* de Dios que expliqué anteriormente en este capítulo. Así que, al ordenarnos que nos armemos con la "espada del Espíritu", Pablo no nos estaba diciendo que peleemos "contra las artimañas del diablo" al lanzarle nuestra Biblia de 14 libras. ¡No! Estos versículos nos mandan a pelear contra el diablo al abrir nuestras bocas con valentía y literalmente *hablar* la Palabra de Dios.

No me canso de decir esto: los cristianos deben entender que la Palabra proclamada es un instrumento de autoridad que Dios nos ha dado para que liberemos su poder en cada aspecto de nuestra vida. La Palabra proclamada puede usarse para bendecir, y también como un arma de guerra espiritual contra los poderes y principados de la oscuridad. La Escritura registra la ventaja que puede tenerse mediante la Palabra proclamada durante la guerra:

> Regocíjense los santos por su gloria,
> Y canten aun sobre sus camas.
> Exalten a Dios con sus gargantas,
> Y espadas de dos filos en sus manos,
> Para ejecutar venganza entre las naciones,
> Y castigo entre los pueblos;
> Para aprisionar a sus reyes con grillos,
> Y a sus nobles con cadenas de hierro;
> Para ejecutar en ellos el juicio decretado;
> Gloria será esto para todos sus santos.
> Aleluya (Salmos 149:5-9).

¡Claramente el salmista está describiendo la guerra espiritual! Pero sobre todo, está revelando el poder extraordinario que la Palabra proclamada tiene sobre nuestros enemigos. El poder de la Palabra proclamada le da al creyente la autoridad para proclamar las promesas de la Biblia, y una de esas promesas es la victoria: "porque el Señor tu Dios está contigo; él peleará en favor tuyo y te dará la victoria sobre tus enemigos" (Deuteronomio 20:4, NVI). Sin embargo, a menos que las promesas se digan, no pueden cumplir su propósito. Uno tiene que abrir la boca y proclamar el "juicio decretado" para que el poder que está en ellos sea liberado.

Jesús usó la Palabra hablada en batallas espirituales.

En Mateo 4 leemos que Satanás tienta a Jesús. El Espíritu Santo llevó a Jesús al desierto donde, luego de un ayuno de 40 días, el diablo comenzó a tentarle y le dijo: "Si eres el Hijo de Dios, ordena a estas piedras que se conviertan en pan." (v. 3). La respuesta inmediata de Cristo fue: "Escrito está: No sólo de pan vivirá el hombre, sino de toda palabra que sale de la boca de Dios" (v. 4).

En total Satanás tentó a Jesús tres veces y en cada ocasión Jesús contraatacó al abrir su boca y proclamar las Escrituras.

⌄ PIENSE EN ESTO ⌄

Dios era la Palabra, y la Palabra era Dios; sin embargo, incluso Jesús, con toda su majestad y poder, ¡habló la Palabra en un tiempo de guerra espiritual!

No hay dudas del ganador en esta pelea porque la Escritura registra:

"Entonces Jesús le dijo: Vete, Satanás, porque escrito está: *Al Señor tu Dios adorarás, y a él sólo servirás.* El diablo entonces le dejó; y he aquí vinieron ángeles y le servían" (Mateo 4:10–11).

Jesús enfrentó guerra espiritual, y usted también lo hará. Eso está garantizado. No puede evitar la batalla, pero puede estar equipado para ganarla. Dios ha declarado que usted tiene el poder para usar su Palabra como parte de la armadura para protegerse del ataque del enemigo. Esta es una idea revolucionaria para muchos de ustedes. ¿Iría usted a una guerra sin su casco o sin un chaleco antibalas? No, a menos que quiera morir poco después de que empiece la batalla.

La historia de Eva

Escuché este poderoso testimonio de unas miembros de nuestra iglesia. Ilustra muy bien el poder de la Palabra proclamada en la guerra espiritual.

Mi esposo y yo estábamos muy emocionados cuando supimos que estábamos esperando nuestro segundo hijo. Sabíamos en nuestros corazones, mucho antes de que nos confirmaran el sexo, que este bebé sería una niña. Nuestro primer hijo fue un niño bello al que llamamos Elijah, así que decidimos llamar a nuestra niñita Elisha.

Yo me quedé en estado de choque cuando el médico anunció durante mi primera visita que el ultrasonido no mostraba latidos en el corazón. El médico dijo: "Normalmente yo recetaría una dilatación y curetaje (D. y C.) pero voy a esperar dos semanas más antes de realizar el procedimiento".

Devastada, regresé a casa para tener un tiempo largo de oración. Pasaron dos semanas y ansiosa regresé al médico donde él con gozo anunció ¡que tenía un bebé saludable creciendo dentro de mí! Él dijo: "¡Este pequeñito tiene un propósito!" ¡Yo sabía que él tenía razón!

A partir de ese momento oré por mi bebé llamándola por el nombre que habíamos escogido, Elisha. Una mañana, mientras estaba orando, escuché al Señor hablar a mi espíritu y decir: "Debes llamar a esta niña Eva, porque su nombre significa vida. Habrá muchos días en los que el enemigo vendrá a hablar muerte, ¡pero enfrentarás sus ataques cada vez que digas su nombre!"

Yo no tenía idea de lo que significaría esa declaración, ni del poder que encerraría en el futuro inmediato de nuestra niña.

Cuando Eva nació, el cordón umbilical estaba enrollado en su cuello tan fuertemente que el médico tuvo que partirlo en dos para asegurar que naciera a salvo.

Todavía era bebé cuando tuvo una reacción alérgica inusual que puso en peligro su vida. Cuando la llevamos corriendo al hospital, proclamamos su nombre una y otra vez con pasión, declarando: "¡El Señor dijo que vivirás y no morirás!". Dios una vez más tocó a nuestra hija de manera milagrosa.

Cuando Eva tenía dos años experimentó otra crisis de vida o muerte. Estábamos fuera de la ciudad y nos avisaron que Eva se había caído de la ventana de un segundo piso, a quince pies de altura, mientras estaba bajo el cuidado de una niñera. Cuando recibí la horrible noticia de que Eva se había abierto la cabeza de un lado a otro y que el labio inferior se le había separado de la mandíbula, la cabeza me daba vueltas y se me cayeron las alas del corazón. Sin embargo, yo seguía proclamando en voz alta: "¡Dios ha prometido que ella vivirá y no morirá!".

Mientras mi niña yacía en la unidad para traumas, cubierta de sangre, me paré a su lado y suavemente pronuncié su nombre. Yo decía: "Eva, tu nombre quiere decir 'vida'. Mami y papi lo declararon desde el primer día, ¡y creemos que lo que Dios ha dicho es verdad!".

Acabamos de celebrar tres años después de su recuperación sobrenatural luego de una caída mortal. A los cinco años, Eva es linda, saludable y está llena de vida. En las muchas ocasiones en que la vida de Eva estuvo en peligro, *su padre y yo clamamos a Dios y llamamos a cosas que no eran como si fueran. Cada vez que llamábamos a Eva por su nombre...¡proclamábamos vida! Damos gracias a Dios cada día por haber escuchado su voz y obedecido su mandato de llamar a nuestra preciosa hija Eva; ¡porque sin dudas Dios es el dador de la vida! Ella está viva hoy por el poder divino de la Palabra de Dios.*

No hay razón para que usted amigo mío pierda la batalla que está peleando en este momento; vaya a la Palabra. Léala con fe, créala con fe; declárela con fe ¡y verá que sus montañas de imposibles comienzan a desaparecer!

Escuche y crea las palabras de Jesús: "...porque de cierto os digo, que si tuviereis fe como un grano de mostaza, diréis a este monte: Pásate de aquí allá, y se pasará; y nada os será imposible" (Mateo 17:20).

LA BENDICIÓN PROCLAMADA ES PERMANENTE

Es importante entender que la Palabra proclamada es tan poderosa que una vez que se dice, no se puede revertir. Ya hemos comentado que Isaac no podía deshacer la bendición profética que se hizo sobre Jacob (Génesis 27). Dios anuló las transgresiones de todos los miembros de esta familia altamente disfuncional, incluyendo la preferencia de Isaac antes que Esaú, la manipulación y la deshonestidad de Rebeca, la arrogancia y el egoísmo de Esaú, y el espíritu de "usurpación" de Jacob, que quería alcanzar la mejor bendición. La bendición se quedó con Jacob todos los días de su vida.

En Génesis 12, el Señor pronunció la bendición sobre los hijos de Israel al decirle a Abraham:

Y haré de ti una nación grande,
y te bendeciré,
y engrandeceré tu nombre,
y serás bendición.
Bendeciré a los que te bendijeren,
y a los que te maldijeren maldeciré;
y serán benditas en ti todas las
familias de la tierra (vv. 2–3).

La bendición de Génesis no podía ser revocada. En el libro de Números, Dios mismo paró en seco a Balaam, quien había sido enviado por el rey de Moab para maldecir a los hijos de Israel. Dios le dijo a Balaam que no podría maldecir a los hijos de Israel porque Balaam no podía maldecir a quien Dios había bendecido. Balaam regresó al rey moabita con las instrucciones de parte del Señor:

He aquí, he recibido orden de bendecir;
El dio bendición, y no podré revocarla.
No ha notado iniquidad en Jacob,
Ni ha visto perversidad en Israel.
Jehová su Dios está con él,
Y júbilo de rey en él (Números 23:20–21).

¡El "júbilo de rey" estaba entre ellos! En Génesis 12, los hijos de Israel habían sido bendecidos por la Palabra proclamada de Dios, y esa bendición era permanente. A lo largo de la historia, aquellos que han planeado la destrucción de los hijos de Israel han sido derribados, pero los hijos de Israel no solo permanecen sino que prosperan.

Prosperan porque las bendiciones de Dios, una vez dichas, se hacen realidad, nunca son revocadas.

Para que las bendiciones de Dios se hagan realidad en su vida y en las vidas de sus hijos y nietos, usted debe liberar las bendiciones de Dios mediante la Palabra proclamada. Él quiere bendecirle, pero usted debe actuar para liberar la bendición y recibir la bendición en su vida. La Escritura nos recuerda que nosotros debemos hacer nuestra parte. No podemos recibir sin pedir, no podemos abrir una puerta sin tocar, no podemos encontrar sin buscar. Del mismo modo, no podemos bendecir sin primero liberar las bendiciones según la Palabra proclamada de Dios.

Mas ¿qué dice? Cerca de ti está la palabra, en tu boca y en tu corazón. Esta es la palabra de fe que predicamos: que si confesares con tu boca que Jesús es el Señor, y creyeres en tu corazón que Dios le levantó de los muertos, serás salvo. Porque con el corazón se cree para justicia, pero con la boca se confiesa para salvación (Romanos 10:8–10).

Capítulo nueve

LIBERAR LA BENDICIÓN PROFÉTICA MEDIANTE EL CONTACTO FÍSICO

¡Él me tocó y me sanó![1]

Amenudo las personas se lamentan porque las bendiciones de Dios no son evidentes en sus vidas. Creen que la bendición profética establecida en la Biblia es o un premio inaccesible o algo que Dios imparte de manera caprichosa en base a las buenas obras del receptor. Afortunadamente para nosotros, y mediante la bondad de nuestro Creador, *sí* podemos liberar sus bendiciones en nuestras vidas y así impactar de manera positiva nuestros matrimonios y nuestras relaciones con nuestros hijos y nietos así como experimentar el favor ilimitado de Dios. Cristo lo hizo, ¿por qué no habríamos de hacerlo nosotros?

Mientras estaba aquí en la tierra, Cristo sanó y bendijo

a los que le rodeaban mediante el toque de sus manos y el poder de sus proclamaciones proféticas. ¡Nosotros también tenemos el poder de tocar cuando está ligado a la Palabra proclamada de Dios!

Que hay poder en el contacto físico humano no es una idea nueva, ni tampoco es exclusivamente religiosa. Esto parece una declaración que uno leería en la Escritura o cantaría en un himnario. La verdad es que la ciencia ha demostrado que de por sí el contacto físico tiene poder sanador. Así como múltiples milagros de la Biblia han mostrado que el contacto físico tiene poder para bendecir y sanar, también la ciencia médica ha demostrado que este no solo puede sanar sino que también tiene poder para mantenernos con buena salud mental y emocional, dos de las más grandes bendiciones de Dios.

La Dra. Tiffany Field, fundadora del Instituto de Investigación del Contacto Físico, en la facultad de medicina de la Universidad de Miami, habló del poder restaurador de este al decir que este produce "efectos específicos como disminuir el dolor en los que padecen artritis, aumento en el flujo de aire en los que padecen de asma y aumentó la actividad de los linfocitos en pacientes enfermos de VIH".[2]

Además los estudios científicos han demostrado que los niños pudieran morir por falta de contacto físico. En un estudio de principios del siglo XX, los índices de mortalidad en niños que vivían en instituciones, específicamente en orfanatos y casas para niños abandonados, se compararon con los de niños cuyos padres les desatendían.[3]

La idea evidente era que al proveer para sus necesidades

físicas, las instituciones tendrían una tasa de mortalidad inferior entre sus niños que aquellos que sus padres los abandonaran. Sorprendentemente, los resultados no mostraron diferencia entre los índices de mortalidad de los niños descuidados en sus familias y los niños de los orfanatos. Aunque las instituciones respondían a las necesidades físicas de los niños como alimento, ropa y abrigo, "morían tantos niños como sobrevivían" en este cuidado institucionalizado.[4]

De manera más específica, un estudio de los orfanatos en los Estados Unidos en 1915 descubrió que la tasa de mortalidad de niños menores de dos años estaba entre el 32 y el 75 por ciento, y en ciertos hospitales de Baltimore y New York alcanzaban una tasa de aproximadamente del 90 y casi el 100 por ciento, respectivamente.[5] Sin embargo, a pesar de este estudio, pasarían unos quince años antes de que estas perturbadoras tasas de mortalidad se atribuyeran a la falta de contacto físico. Los niños de estas instituciones no eran tocados debido a la indiferencia de quienes los cuidaban y porque las normas sociales del momento lo prohibían. A finales del siglo XIX y principios del XX, el contacto físico en estas instituciones era algo muy poco común, cuando no prohibido.[6]

Sin embargo, a finales de los años 1920, al tratar de determinar los efectos sanadores que el contacto físico tenía en la atención pediátrica, se requería que los que atendían a los bebés en el hospital Bellevue de Nueva York incluyeran el contacto físico en sus rutinas diarias con los pacientes pediátricos. Asombrosamente, después de que el hospital incorporara el contacto físico como parte de su tratamiento para los pacientes, las tasas de mortalidad de los niños hospitalizados disminuyó en más del 20 por ciento.[7] Por lo tanto, el contacto físico entre la persona que atendía al niño y este se convirtió en la regla y no en la excepción. Una vez que esta práctica por fin se incorporó en los orfanatos, las tasas de mortalidad de los niños en estas instituciones disminuyó vertiginosamente.[8]

A pesar de lo importante que fue este estudio para el descubrimiento científico de la "falta de contacto físico" versus el impacto positivo del contacto físico, uno pudiera haber llegado a la misma conclusión con leer la Palabra de Dios. Podemos ver que Cristo dio un ejemplo similar. Mateo 19:13–15 dice:

> *Entonces le fueron presentados unos niños, para que pusiese las manos sobre ellos, y orase; y los discípulos les reprendieron. Pero Jesús dijo: Dejad a los niños venir a mí, y no se lo impidáis; porque de los tales es el reino de los cielos. Y habiendo puesto sobre ellos las manos, se fue de allí.*

En su obra *La bendición*, Gary Smalley y John Trent señalan que al poner su manos en los niños, Jesús no solo estaba tratando de enseñar a la multitud una "lección espiritual" sino que al tocarlos también estaba satisfaciendo las necesidades que los propios niños tenían.[9] Los autores señalaron que si el objetivo de Cristo hubiera sido solo enseñar, Él apenas hubiera usado a los niños como un objeto en su lección, como en el caso de Mateo 18. Allí, cuando los discípulos le preguntaron: "¿Quién es el mayor en el reino de los cielos?". Jesús respondió al llamar a un niño, puso a aquel niño "en medio de ellos" y señaló que a menos que uno se convierta y se vuelva "como niños", esa persona no entrará al reino de los cielos (vv. 1–3).

Sin embargo, en Mateo 19, Cristo no solo enseñó una lección espiritual sino que también satisfizo las necesidades físicas, emocionales y espirituales de los niños. Cristo, en su perfecta sabiduría, "demostró su conocimiento de la necesidad genuina de un niño": Él los tocó.[10] Además de satisfacer sus necesidades físicas al poner sus manos sobre ellos, Cristo también estaba reiterando la importancia del toque en la tradición hebrea de liberar la bendición sobre nuestros hijos. Basta con mirar a Génesis 27 y "hasta dónde llegaron Jacob y su madre para que las manos de bendición de Isaac se posaran sobre la cabeza de Jacob",[11] para comprender el significado del contacto físico con relación a recibir la bendición divina de Dios en esa vida específica.

La historia de Sandy

Recuerdo la crisis de vida o muerte que Diana y yo enfrentamos con nuestra hija menor, Sandy, a unas horas de su nacimiento. Aunque Diana había tenido a Sandy tres semanas y media antes de su fecha de parto, al principio todo parecía perfecto. Era linda y, sobre todo, ¡al parecer muy saludable! Después se cargar a nuestra hija recién nacida durante varias horas, Diana y yo le dimos gracias al Señor por su bondad. Las besé a ambas y me fui del hospital para cuidar a nuestros otros cuatro hijos que esperaban en casa. ¡La vida era estupenda!

Mientras Diana cargaba a Sandy, examinaba cada detalle de nuestra hijita. Cuando la enfermera neonatal

vino para llevar a Sandy de regreso al pabellón de recién
nacidos, Diana le contó del sonido como un ronroneo que
salía de nuestra preciosa niña cada vez que respiraba.
La enfermera lo anotó y sacó a Sandy de la habitación.
Diana me llamó para desearme buenas noches y una vez
más hicimos una oración de gracias por las muchas bendiciones que Dios nos había dado.

Pasaron algunas horas antes de que Diana se desper-
tara cuando tres especialistas vinieron a su sala para
hacerle una consulta. Se pararon junto a su cama y le
dieron su sombrío pronóstico. "Hemos examinado a su
bebé y descubrimos que los pulmones no están funcio-
nando adecuadamente. Después de los análisis de sangre
iniciales nos parece que pudiera tener una infección en
la sangre que pudiera ser mortal. Necesitamos su permiso para hacer más exámenes".

Diana estaba atontada. Rápidamente firmó los papeles
para permitir a los médicos hacer una miríada de exámenes a nuestra hijita. Entonces me llamó. El insistente
timbre del teléfono me despertó, mucho después de la
media noche, de un sueño profundo y tranquilo. Eso
nunca es una buena señal en la casa de un pastor.

Diana comenzó a contarme llorosa lo que los médicos
habían dicho. Después de consolar a mi esposa con las
promesas de Dios, nos unimos en oración por nuestra
hija. Le dije a Diana que estaría en el hospital tan pronto
la niñera llegara al día siguiente para cuidar de nuestros
otros hijos. No me volví a dormir; en cambio, oré hasta
el amanecer.

Temprano a la mañana siguiente corrí al hospital y
descubrí que Diana no estaba en su habitación. Corrí

a la estación de las enfermeras y ellas me dirigieron a la unidad neonatal, donde encontré los ojos hinchados de Diana mirando fijamente a un envase plástico donde estaba nuestra hija. La última vez que yo había visto a Sandy ella estaba en los brazos de su madre, acurrucada en una cobija rosada con su cabello negro grueso y brillante que sobresalía del gorrito rosado. Ahora estaba conectada a un montón de cables, conectados a su vez a un grupo de monitores. Su pecho subía y bajaba mientras ella batallaba por cada respiro. Miré a los ojos de Diana y vi a una madre perturbada que observaba a su bebé luchar por la vida. Las lágrimas le corrían por el rostro. Abracé a mi esposa y susurré: "Señor, Dios de Abraham, Isaac y Jacob, ¡ayúdanos!".

Nos sentamos juntos contemplando a nuestro precioso don de vida, nos sentíamos impotentes. De pronto, una enfermera se nos acercó y dijo: "No tengan miedo de tocar a su bebé. Por favor asegúrense de desinfectarse, y luego pueden poner las manos en la incubadora, y dejarle saber que están aquí". Diana y yo sentimos alivio de que podíamos mostrarle a nuestra bebé que estábamos a su lado.

Nos lavamos las manos muy bien y nos vestimos con ropas, guantes, gorros y forros para los zapatos, todos estériles. Me acerqué al contenedor plástico que contenía nuestro tesoro. La enfermera abrió la puerta de la incubadora y recuerdo que puse mi mano enorme sobre su pecho diminuto y agitado, con temor de que de alguna manera pudiera hacerle daño. Clamé: "Señor, te pido que sanes a mi bebé. Dale un espíritu de lucha para vencer esta batalla. Escoge la vida sobre la muerte y las bendiciones para su vida ahora y para siempre. Padre, dirige a los médicos terrenales y trae la sanidad a nuestra hija".

A partir de ese momento nunca nos fuimos del lado de Sandy. Diana y yo tocábamos su cuerpecito cada vez que teníamos la oportunidad. Le cantábamos, le decíamos que la amábamos, y orábamos por ella sin cesar. De hecho, el obstetra de Diana quiso darle el alta al tercer día después del nacimiento de Sandy. Diana, apasionadamente, se negó a irse del hospital y dijo: "¡Yo no me voy de este hospital sin mi hija!". El sabio médico cambió de opinión.

El cuerpecito de nuestra niñita soportó seis días seguidos de exámenes invasivos. Al séptimo día los médicos se reunieron con nosotros una vez más para presentarnos sus descubrimientos. Me senté junto a Diana y le sostuve la mano fuertemente mientras los médicos entraron a nuestra habitación y se sentaron frente a la cama de Diana. Nuestros corazones latían con rapidez mientras esperábamos escuchar los resultados. El neonatólogo a cargo nos dejó sin aliento con sus primeras palabras: "No sabemos qué decirles, pero...", hizo una pausa que pareció una eternidad.

"Poco después del nacimiento de su bebé, ella presentó problemas respiratorios así como una infección en la sangre. Sin embargo, luego de examinar completamente a su bebé, encontramos que ya no tienen ningún indicio de dichos problemas. No creo que nos hayamos equivocado en el diagnóstico inicial, pero lo único que podemos decir es que está sana y lista para irse a casa".

"¡Sana y lista para irse a casa!". Eso fue lo que nosotros escuchamos, era música del cielo. Diana ya tenía su bolsa preparada. Apenas si podíamos esperar para salir del hospital. Estábamos tan agradecidos a Dios por escuchar nuestra oración y sanar a Sandy. Esperamos a que la enfermera nos la trajera y nos dimos cuenta de que era la misma enfermera que nos había dado permiso para tocar a Sandy cuando batallaba por su vida. Agradecimos a la enfermera profusamente por el ánimo que nos dio.

Ella compartió nuestra emoción por las buenas noticias y explicó que había cuidado de bebés que nacían con problemas menores, que no tenían nadie que los amara ni los tocara, y que sin ninguna razón médica poco a poco renunciaban a la voluntad de vivir y morían. Nos contó que el hospital había iniciado un programa de abuelos en el que voluntarios de más edad venían y cargaban a los bebés enfermos y les daban amor hasta que quedaban fuera de peligro. ¡El poder de un toque amoroso tiene el poder de la vida!

El poder de la bendición profética también resiste. Yo había orado para que Sandy recibiera un "espíritu de lucha" para ganar su batalla, y esa bendición proclamada se mantiene hasta hoy. Sandy es ahora una abogada que usa ese espíritu de lucha en su vida cotidiana. También ha tenido que invocar esa fuerza interior sobrenatural varias veces en las vidas de sus propios hijos. ¡El poder de la bendición proclamada prevalece y vence!

La necesidad del contacto físico no es solo un rasgo de los niños. La ciencia ha confirmado que ya sea que usted sea un bebé en el vientre de su madre o una persona centenaria en los últimos días de su vida, su necesidad física de contacto nunca cesa. La verdad es que, a medida que uno envejece, su necesidad de contacto humano aumenta. Mientras investigaba la evidencia científica con respecto al poder del toque, me encontré con algunos datos con los que me identifiqué a nivel personal.

En su libro *Touch*, Tiffany Field ha señalado que a medida que las personas envejecen, más desean el contacto físico; pero, por irónico que parezca, mientras más envejece una persona, menos oportunidades tiene de ser tocada por otra. Ya sea que se deba a perder al cónyuge, amigos o familia por la muerte o por una salud decadente, existen múltiples razones por las que el aumento de la edad lleva a una disminución en el tipo de intercambio social que fomenta el contacto humano y la interacción.[12] De hecho las investigaciones revelan que "los déficits sensoriales" llevan a un exceso de "rasgos seniles" en los residentes de hogares de ancianos.[13] Por el contrario, aquellos residentes que recibieron contacto físico por medio de masaje terapéutico, abrazos o si quiera un simple apretoncito en el brazo, mostraron menos rasgos seniles.

La historia de Vada

Estas verdades me impactaron directamente. Durante años yo le había suplicado a mi madre, ya viuda, que se mudara de su casa en Channelview, Texas—donde vivió con mi padre la mayor parte de su vida de casados—a San Antonio, donde yo he vivido por más de 50 años.

A pesar de mis repetidos ruegos para que se mudara a San Antonio, mi madre se negaba a dejar su casa. Yo honraba sus deseos, cortésmente, y sacaba el máximo provecho de las visitas que le hacía. Mi madre era muy independiente. Siguió dirigiendo el negocio de la familia después de que mi padre falleció, y tenía mucho éxito. No le preocupaba vivir sola. De hecho, mi madre amaba los derechos que le dan la Segunda Enmienda y no sentía temor de usarlos. Mi hermano y yo tuvimos que quitarle el percusor a la pistola que ella guardaba cargada bajo su almohada por temor a que se hiciera daño a sí misma o a algún visitante desprevenido.

Pero entre una visita y otra noté una diferencia en mi madre. Aunque su cuerpo estaba saludable y su mente intacta, había un cambio en ella. Yo no sabía cuál era la fuente del problema, pero sabía que algo andaba mal. Después de 20 años de obedecer a su deseo de quedarse sola en casa, me di cuenta de que tendría que actuar en contra de los deseos de mi madre, quien era muy tenaz, y traerla a mi ciudad. Ella había llegado al estado mental en que no sabía si había comido o no; dejaba el gas de la estufa abierto sin encender la llama; y con el tiempo tampoco reconocía a sus propios hijos.

A la llegada de mi madre a San Antonio, Diana y yo nos reunimos con los mejores médicos disponibles para descubrir qué le pasaba. ¿Sería Alzheimer o demencia? Luego de evaluaciones médicas exhaustivas se determinó que mi madre estaba bien físicamente aunque muy frágil. Su corazón era fuerte, tenía los pulmones limpios; y a pesar de algunos problemas de salud secundarios, comunes, que la mayoría de las personas tienen a los 92 años, no había nada mal en su salud física de por sí.

Entonces, ¿cuál era el problema? En términos laicos, los médicos dijeron que carecía de interacción cotidiana suficiente con otras personas ya que el vivir sola durante tantos años había tenido un efecto degenerativo en su mente. Tenía un grado leve de demencia debido a una simple falta de contacto humano.

Yo me sentía muy frustrado conmigo mismo por no haber hecho que mi madre se mudara antes. Debido a su inmovilidad parcial, encontramos un lugar excelente a menos de una milla de mi oficina, de manera que podría visitarla regularmente. Además de las asistentes del centro de atención, Diana contrató ayudantes maravillosas para que estuvieran con mi madre las 24 horas. Sabíamos que la instalación tenía el personal adecuado y las mejores enfermeras y médicos de la ciudad, pero no queríamos que mi madre enfrentara otro momento sola.

No solo yo no quería que *estuviera* sola y alguna de sus necesidades pasara inadvertida, sino que no quería que se *sintiera* sola. Hay sutilezas fáciles de pasar por alto cuando uno tiene que cuidar de muchas personas, como un suspiro que pudiera indicar una necesidad o un gemido que pudiera indicar incomodidad. Independientemente de lo que pasara, siempre había alguien allí para asegurarle a mi madre que no estaba sola.

Además de ayudar con la atención médica que le indicaron, las personas que atendían a mi mamá—a quienes nos referíamos como sus "angelitos"—también le daban la mano, le daban palmaditas en el rostro y masajes en el cuerpo con loción de pies a la cabeza dos veces cada día. Le hablaban con cariño y a menudo, incluso cuando ella no respondía verbalmente. Sorprendentemente, comenzamos a ver que esas personas, a quienes inicialmente contratamos para que le ofrecieran compañía y así nosotros tener tranquilidad, la mantuvieron "en contacto" con la vida mediante la interacción amorosa y constante que tenían con ella. Cuando se mudó a San Antonio, ella era un reflejo desolado de lo que era antes; en unos meses su peso volvió a ser "saludable a lo Hagee". Más todavía, muchos de los síntomas de la demencia desaparecieron.

En tres ocasiones diferentes después de que mi madre tuviera infartos cerebrales y embolias pulmonares dobles, los médicos me dijeron que me despidiera de ella porque era posible que no sobrepasara la noche. Pasé esas noches junto a la cama de mi madre, sosteniendo su mano, besando su mejilla, y cantándole suavemente las canciones de la iglesia que ella me había enseñado de niño.

En una de esas ocasiones los médicos dijeron: "Esta es su última noche". Mientras yo observaba el grupo de enfermeras entrar y salir de su habitación tratando de hacer sus últimos instantes lo más cómodos, yo esperaba que los ángeles escoltaran a mamá a su mansión eterna. Esperé, ¡pero no llegaron!

Cuando amaneció, con el sol brillando en su habitación y cayendo suavemente sobre su rostro, ella se despertó y me miró con ojos penetrantes y preguntó en su tono tipo el general George Patton:

—¿Qué estás haciendo aquí?

—¡Pensé que necesitarías compañía!—respondí asombrado. Su médico me había dicho anteriormente que debido a un infarto cerebral masivo, ella no podría tragar ni hablar. Se imaginará usted mi emoción cuando le escuché preguntar, "¿dónde está mi café?".

Mamá siempre comenzaba su día con una taza de café caliente y una tostada con mantequilla. Después del almuerzo se tomaba su segunda taza de café con una cuña de pastel o torta. En aquella mañana en particular, mi madre se fue *al extremo* y me dio la orden: "Por favor, ¡tráeme una galleta!".

¡Yo hice lo que me pidió!

Ella mojó la galleta en su café y comió. Su médico entraba mientras ella terminaba de desayunar y yo lo saludé con estas palabras: "El cadáver está comiendo, bebiendo y hablando en esta mañana. Según esas máquinas, su presión arterial es mejor que la mía. Cancele los servicios para enfermos terminales; ¡Vada está sana y salva!"

Mi madre deseaba más irse al cielo que mis nietos a Disney World; sin embargo, ¡se graduó tres veces del servicio para enfermos terminales en sus últimos cuatro años! El Señor tuvo muchas oportunidades de llamar mi madre a casa. Hacía varias décadas que mi madre nos dejó saber que no quería que prolongáramos su vida artificialmente y cumplimos sus deseos.

Cuando hubo que tomar decisiones difíciles, simplemente escogimos la vida mientras orábamos por ella. La Palabra de Dios instruye claramente:

"A los cielos y a la tierra llamo por testigos hoy contra vosotros, que os he puesto delante la vida y la muerte, la bendición y la maldición; escoge, pues, la vida, para que vivas tú y tu descendencia" (Deuteronomio 30:19). Y en cada caso Dios intervino y cumplió su Palabra mientras ella dejaba asombrados a sus médicos y desafiaba las probabilidades.

Reconozco que no esperaba que mi madre llegara a ser casi centenaria y a menudo me preguntaba qué planeaba el Señor para su vida. Sin embargo, estoy convencido de que *el poder de un contacto físico amoroso* ayudó a extender la vida de mi madre.

Sé que Dios es demasiado sabio como para cometer un error, y demasiado amoroso como para ser cruel. Le doy gracias a Dios por el tiempo extra que me dio con mi madre, y sé que ella fue mi guerrera de oración número uno. Por eso estaré eternamente agradecido y endeudado para siempre con mi madre quien, por medio del poder de la bendición de los padres, cambió mi vida para siempre.

Cuando era niño, mi madre reunía a sus hijos para orar cada noche, pero el sábado en la noche siempre era de preparación para la iglesia el domingo, donde la familia Hagee pasaba todo el día. Nuestro ritual del sábado en la noche era escuchar el programa Grand Ole Opry en la radio mientras comíamos palomitas de maíz acabadas de hacer y bebíamos té azucarado en jarras de medio galón.

Cuando la velada estaba terminando, nos reuníamos para orar en nuestra sala, entonces mamá ponía sus manos sobre las cabezas de sus hijos y oraba la bendición profética de Dios en nuestras vidas. Todavía puedo escuchar las oraciones fervientes de mi madre, ella nunca dudó del poder de la Palabra proclamada de Dios. Cuando era niño casi sentía lástima del diablo cuando escuchaba a esta ardiente guerrera de oración en acción. Yo estaba seguro de que él temblaba en las esquinas del infierno porque Vada Hagee tenía una relación muy personal con Jesucristo.

Un Dios amoroso y misericordioso sin dudas ha escuchado y respondido sus oraciones todos estos años. Estoy seguro de que sin las bendiciones proféticas pronunciadas por mi madre, mi vida hoy hubiera sido muy diferente, y no en un buen sentido. Estoy tan agradecido por haber crecido en un hogar temeroso de Dios y que por su obediencia a Dios, mi madre cumpliera con su papel de autoridad espiritual sobre sus hijos y así bendecir nuestras vidas de maneras incontables.

Treinta días antes de su cumpleaños 99, el 30 de abril de 2012, mi madre y el Señor hicieron sus arreglos terrenales finales. Dios envió sus huestes celestiales para escoltar a Vada Mildred Hagee por las puertas del cielo a su glorioso hogar eterno donde ella había anhelado estar durante tantos años. Al dejar el yugo de su frágil habitación terrenal, su espíritu proclamó: "He peleado la buena batalla, he acabado la carrera, he guardado la fe" (2 Timoteo 4:7). Y con eso, entró al cielo, dejándonos a mí y a los que vengan detrás de mí con este mandato: "Pero tú sé sobrio en todo, soporta las aflicciones, haz obra de evangelista, cumple tu ministerio" (v. 5). Te amo, mamá.

EL SUMO SACERDOTE DE SU HOGAR

Así como mi madre tuvo autoridad sobre sus hijos, mi padre tenía autoridad sobre toda nuestra familia. De hecho, existe un paralelo entre la relación de Cristo como cabeza de la iglesia y el padre como cabeza del hogar cristiano.

Jesucristo es nuestro Sumo Sacerdote. Así como los sumos sacerdotes levíticos del Antiguo Testamento eran un conducto entre los hijos de Israel y el Dios Todopoderoso, también Jesucristo vino a la tierra para servir como cuerda de salvamento con el Padre. Hebreos dice: "Por tanto, teniendo un gran sumo sacerdote que traspasó los cielos, Jesús el Hijo de Dios…" (4:14).

Además, así como Jesús es el Sumo Sacerdote de su iglesia, del mismo modo los padres son los sumos sacerdotes de sus familias (Efesios 5:23). Así como Cristo puso sus manos sobre niños terrenales, también un padre debe poner sus manos con amor sobre sus hijos para liberar el poder de la bendición profética sobre sus vidas.

En el libro de Números, el Señor dio instrucciones específicas con relación a bendecir a los hijos de Israel. Él instruyó a Moisés que Aarón, su sumo sacerdote, bendijera a los hijos de Israel al recitar la bendición sacerdotal:

Jehová te bendiga, y te guarde;
Jehová haga resplandecer su rostro sobre ti,
y tenga de ti misericordia;
Jehová alce sobre ti su rostro,
y ponga en ti paz (Números 6:23–26).

Entonces, en el versículo 27, el Señor continuó: "Y pondrán mi nombre sobre los hijos de Israel, y yo los bendeciré". En la práctica, los sacerdotes no solo bendecían a los hijos de Israel al decir el nombre de Dios sino que literalmente con sus dedos trazaban el nombre de Dios en las frentes o en la mano derecha de quien fuera que estaba bendiciendo. Al hacerlo los sacerdotes tocaban físicamente y ponían el nombre de Dios sobre los hijos de Israel.[14]

Esta forma de toque es tan crucial que desde la época de Moisés, hasta hoy, cada viernes cuando el sol se pone, en los hogares judíos alrededor del mundo los padres ponen sus manos sobre las cabezas de sus hijos y los bendicen con estas mismas palabras. Aunque los judíos son los descendientes físicos de Abraham, los cristianos son sus descendientes espirituales. Gálatas 3:29 dice: "Y si vosotros sois de Cristo, ciertamente linaje de Abraham sois, y herederos según la promesa". Por lo tanto, los padres cristianos, como simiente de Abraham, también deben imponer sus manos sobre sus hijos y bendecirlos.

Los padres no solo deben usar su toque físico para bendecir a sus hijos, sino que también deben usar el toque físico para entrenar a sus hijos. En Efesios la Palabra dice: "Y vosotros, padres, no provoquéis a ira a vuestros hijos, sino criadlos en disciplina y amonestación del Señor" (6:4). Aunque todos estamos familiarizados con el mandamiento bíblico de disciplinar a nuestros hijos, temo que algunos pasen por algo el mandamiento de "criadlos". La traducción griega de la palabra *criadlos* es *ektrepho*, que significa, como se indica "sustentarlos hasta la madurez" y "nutrir."[15]

Colosenses 3:21 ordena a los padres que "no exasperen a sus hijos, no sea que se desanimen". Por consiguiente, criar requiere más que sencillamente proporcionar lo que se significa físicamente para sobrevivir. Criar a los hijos es abrazarlos, hablarles con amor, animarlos y besarlos, todos los días. Sobre todo, ya sea que usted esté disciplinando o instruyéndolos, todos estos actos deben hacerse con amor. A fin de cuentas, por lo general es más fácil decir que hacer. El amor no es lo que uno dice, ¡amor es lo que uno *hace*! ¿Qué mejor manera de mostrar su amor a sus hijos que mediante un cuidado tierno y amoroso?

Lamentablemente, algunos padres no solo descuidan el bendecir a sus hijos con palabras sino que no tienen con ellos un contacto físico significativo. Observe otra vez en el pasaje antes mencionado de Efesios que los padres deben "criar" a sus hijos "hasta la madurez". El punto es que los padres necesitan criar a sus hijos de estas maneras significativas hasta que hayan crecido; idealmente,

LIBERAR LA BENDICIÓN PROFÉTICA MEDIANTE EL CONTACTO FÍSICO

hasta que encuentren un cónyuge quien entonces asume el rol de la persona que los sustenta. El contacto físico es tan imperativo en el desarrollo continuo de un niño hacia la adultez que las investigaciones sugieren que la violencia en la adolescencia es el resultado de falta de contacto físico.[16]

Un estudio realizado por el Dr. J. H. Prescott "informó que la mayoría de los delincuentes juveniles provienen de padres descuidados o abusadores" y que "la falta de contacto físico y de movimiento son las causas básicas de varias perturbaciones emocionales."[17] En la teoría del Dr. Prescott es crucial que "la falta de estímulo sensorial en la infancia lleva a la adicción a la estimulación sensorial en la adultez, lo que trae como consecuencia el uso de drogas y delitos".[18]

Este estudio se realizó en 49 culturas industriales similares del mundo. Las únicas diferencias notables en otras culturas, que de otro modo serían similares, fueron que cuando los niños en una cultura en particular recibían un afecto físico mínimo, esa cultura mostraba índices más altos de violencia adulta.

Por el contrario, cuando una cultura mostraba niveles altos de afecto físico hacia sus hijos, no había violencia adulta.[19] El estudio del Dr. Prescott parece poner en evidencia la Palabra de Dios y es casi un ejemplo exacto de lo que sucede en una cultura cuando los padres provocan a ira a sus hijos. Nunca deja de asombrarme cuando veo la verdad de la Escritura como algo que resulta completamente cierto en el crisol llamado vida.

A pesar del hecho de que se ha demostrado que el contacto físico es un componente necesario del desarrollo saludable, en la sociedad estadounidense súper litigiosa, un contacto físico afirmativo está prácticamente prohibido. Un estudio realizado en Touch Research Institute Nursery School [Guardería del Instituto de Investigación del Contacto Físico] descubrió que, a pesar del nombre de su escuela, el personal rara vez tenía contacto físico con sus alumnos. El temor de ser acusados de abuso sexual era el motivo de los maestros para no tocar a sus alumnos.[20]

Qué irónico que en la sociedad actual, tan "adelantada", nos hayamos vuelto tan desorientados en lo que es adecuado para los niños. Tanto así que algunas personas han pedido que la educación sexual comience en el preescolar; sin embargo, nuestros educadores temen darles a sus alumnos una palmadita de consuelo en la espalda no sea que se malinterprete como acoso sexual.

¿Acaso no es típico del enemigo tomar algo que Dios nos ha dado, como el poder del contacto físico, y tratar de usarlo como un arma contra nosotros? Por lo tanto, no deje que los progresistas seculares nos quiten aquello con lo que Dios nos ha bendecido, ¡el poder del toque físico! Dios nos ha bendecido con el fin de que podamos ser de bendición. Dios nos ha dado el mandato de mostrarnos afecto unos a otros, y en toda la Palabra escrita hay evidencia de esto: desde cuando Dios creó a Adán y a Eva en el Edén (Génesis 2:7) hasta el mandato que Cristo dio a su iglesia de tener contacto físico ("sobre los enfermos pondrán sus manos, y sanarán" [Marcos 16:18]).

Como creyentes, debemos tocar con el fin de bendecir. Sin un contacto físico amoroso, estamos fallando en liberar el poder de las bendiciones de Dios sobre nuestros hijos y nietos, y para las generaciones futuras.

¡ABRACE A ALGUIEN!

¿Alguna vez has abrazado a alguien que se puso tenso o que pareció estar incómodo? Lo más probable es que esa persona no haya experimentado un toque verdaderamente amoroso en su vida. Yo soy un "abrazador", abrazar es mi manera de animar a los demás. ¿Qué de bueno tiene un abrazo? El abrazo es saludable, ayuda al sistema inmune del cuerpo. Cura la depresión, reduce el estrés, induce el sueño, es vigorizante, rejuvenecedor, y no tiene efectos secundarios desagradables. El abrazo es nada menos que una medicina milagrosa.

Como nos dice constantemente mi nuera Kendal, que es enfermera: "Abrazar libera endorfinas, ¡y las endorfinas nos hacen sentir bien!". De hecho ella dijo que las enfermeras de la unidad de cuidados intensivos han visto disminuir el latido del corazón de sus pacientes a lecturas normales y que sus músculos tensos se relajan cuando quienes los atienden les dan un masaje suave o los abrazan durante su recuperación.

Abrazar es algo completamente natural. Es orgánico y dulce por naturaleza; no tiene pesticidas, ni conservantes ni ingredientes artificiales; y es cien por ciento saludable. Abrazar es prácticamente perfecto. No hay partes móviles, ni baterías que se desgasten, ni chequeos periódicos. Tiene un bajo consumo de energía, un alto rendimiento energético, sin pagos mensuales, y no se requiere seguro. Está a prueba de inflación, no engorda, está a prueba de robos, no es contaminante, y, por supuesto, se puede devolver sin problemas.

Los "abrazos felices" no tienen precio; sin embargo, no cuestan nada, ¿qué más se puede pedir?

Abrazar es sin dudas una de las actividades terapéuticas más naturales en que podemos involucrarnos. Me parece que nos debemos a nosotros mismos y a aquellos a quienes amamos el compartir este regalo de beneficio mutuo.[21]

Si usted puede abrazar a sus hijos y nietos, ¡entonces puede bendecirlos! ¿Cuándo fue la última vez que impuso sus manos sobre aquellos a quienes ama y los bendijo?

No lo piense... ¡*hágalo!*

Capítulo diez

RECIBIR LA BENDICIÓN PROFÉTICA

Por tanto, os digo que todo lo que pidiereis
orando, creed que lo recibiréis, y os vendrá.

—Marcos 11:24

Dios entra por una puerta privada al alma de cada ser humano. Cuando una persona da un paso hacia Dios, el Todopoderoso da un salto gigante hacia esa persona y para siempre recibe a esa persona como suya.

Recibir la bendición profética es un paso que el hombre da hacia Dios; está impulsado por la sed que siente el alma por el Divino: "Como el ciervo brama por las corrientes de las aguas, Así clama por ti, oh Dios, el alma mía" (Salmos 42:1).

A través de la historia, no obstante, se ha perdido incontables bendiciones. Una bendición perdida es una bendición que no ha sido liberada por la autoridad espiritual o una bendición que no fue recibida por la persona sobre la cual se pronunció.

Lamentablemente he visto muchas personas perder su dirección divina en la vida porque sus padres o madres se han negado a pronunciar la bendición sobre ellos. También he visto padres piadosos y fieles pronunciar bendición sobre sus retoños, pero el hijo descarriado se negó a aceptar la bendición pronunciada sobre su vida.

Más triste todavía, también he conocido personas que no sienten que califican para la bendición profética. Como pastor, sufro por aquellos en mi rebaño que se pierden lo que Dios ha planeado para sus vidas porque creen que no son dignos de ello. Recuerde, ¡usted nació para ser bendecido!

Un Sumo Sacerdote, llamado Jesucristo, ha declarado que cada bendición que aparece en la Escritura ahora está a su disposición. Usted no tiene porque no pide. Pida ahora y reciba la bendición que Dios el Padre ha ordenado específicamente para usted desde el comienzo de los tiempos.

RECIBIR LA BENDICIÓN MEDIANTE LA FE

A través de la Escritura Dios se presenta al hombre mediante la revelación proposicional. Dicho de manera sencilla, Dios le declara al hombre: "Si tú...entonces yo...":

Ahora, pues, si diereis oído a mi voz, y guardareis mi pacto, vosotros seréis mi especial tesoro(A) sobre todos los pueblos; porque mía es toda la tierra (Éxodo 19:5).

Acontecerá que si oyeres atentamente la voz de Jehová tu Dios, para guardar y poner por obra todos sus mandamientos que yo te prescribo hoy, también Jehová tu Dios te exaltará sobre todas las naciones de la tierra (Deuteronomio 28:1).

Si se humillare mi pueblo, sobre el cual mi nombre es invocado, y oraren, y buscaren mi rostro, y se convirtieren de sus malos caminos; entonces yo oiré desde los cielos, y perdonaré sus pecados, y sanaré su tierra (2 Crónicas 7:14).

Porque si perdonáis a los hombres sus ofensas, os perdonará también a vosotros vuestro Padre celestial (Mateo 6:14).

Mediante estas promesas, Dios está revelando a los creyentes que cuando actúen, *entonces* Él liberará sus muchas bendiciones mediante la aceptación, la oración contestada y el perdón total.

EL TESORO QUE NO TIENE PRECIO

La bendición de Dios es un tesoro que no tiene precio. A través de la Palabra de Dios sus bendiciones pasan de persona a persona y de generación a generación. Por ejemplo, la misma bendición que Aarón pronunció sobre los hijos de Israel en Números 6 es la misma bendición que los padres judíos del mundo entero oran hoy por sus familias.

Estuve conversando con el rabino Aryeh Scheinberg sobre este tema y me sentí completamente conmovido cuando dijo: "Cada atardecer de viernes en mi vida o he recibido bendición o he otorgado bendición".

En la Escritura las bendiciones cobran vida cuando se liberan mediante la proclamación profética de la autoridad delegada de Dios y aceptada mediante la fe por la persona que la recibe. ¿Quiere usted recibir las bendiciones de Dios? Para recibir las muchas bendiciones de Dios, que se proclaman en su Palabra, usted primero tiene que calificar para la bendición al aceptar en su vida al Sumo Sacerdote llamado Jesucristo.

La bendición más preciada de Dios el Padre es nuestra redención mediante Jesucristo, su Hijo y nuestro Salvador. Siempre le digo a mi congregación que si usted no puede recordar el momento en que aceptó a Cristo como su Salvador, entonces debe volver a examinar su experiencia. Su salvación debe ser personal, específica y marcar un cambio en su vida.

El segundo jueves de enero de 1958 yo estaba sentado en un banco de atrás en la iglesia de mi padre en Houston, Texas. Venir a Cristo y estar involucrado en la iglesia de alguna manera *no* estaba en mi lista de cosas importantes, sin embargo, en este día en particular, yo quería más a Cristo en mi vida que el aire que necesito para respirar. Las oraciones de mi madre fueron contestadas cuando por fin caminé por el pasillo de la iglesia y recibí a Jesús como mi Señor y Salvador.

Si usted no puede recordar ese momento que cambió su vida, le animo a que haga ahora esta oración sencilla pero transformadora:

Señor Jesucristo, vengo a ti en este día y te pido que perdones mis pecados y vengas a mi vida como mi Señor y Salvador. Amén.

Cuando usted hace esta sencilla oración, ¡Cristo le concede la vida eterna! Él le ha perdonado incluso de sus peores transgresiones. Le ha redimido de la enfermedad, la pobreza, las contiendas y el reino de las tinieblas. La oración de salvación abre la puerta a las bendiciones ilimitadas de Dios y la buena vida que dura para siempre.

El segundo requisito es creer *por fe* que así como Cristo salvó su alma, su fe y obediencia a la Palabra de Dios hará que la bendición de Dios se libere sobre su vida.

La fe es un don de Dios, y la salvación mediante Jesucristo es nuestra mediante la fe (Efesios 2:8). La Biblia dice: "Pero sin fe es imposible agradar a Dios; porque es necesario que el que se acerca a Dios crea que le hay, y que es galardonador de los que le buscan" (Hebreos 11:6).

⌄ PIENSE EN ESTO ⌄

Si usted lo puede creer, ¡lo puede recibir!

CREAR PARA RECIBIR

La Biblia nos dice: "Es, pues, la fe la certeza de lo que se espera, la convicción de lo que no se ve" (Hebreos 11:1). Muchas personas tienen fe en Dios pero existe una diferencia entre tener fe en Dios y creer que Él lo *puede* hacer versus tener fe en Dios y creer que Él *lo hará* por usted. En Marcos 9:23, Jesús dijo: "Si puedes creer, al que cree todo le es posible".

No permita que el enemigo le diga que usted no tiene fe. La Palabra nos dice que Dios ha dado a todo el mundo en el cuerpo de Cristo "medida de fe" (Romanos 12:3). Por lo tanto, sabiendo que Dios le ha dado una medida de fe, es su responsabilidad quitar toda duda de la ecuación y dejar espacio para más nada que fe en su caminar con Dios. Cuando Jesús enseñaba a sus discípulos sobre la fe, les dijo:

Tened fe en Dios. Porque de cierto os digo que cualquiera que dijere a este monte: Quítate y échate en el mar, y no dudare en su corazón, sino creyere que será hecho lo que dice, lo que diga le será hecho. Por tanto, os digo que todo lo que pidiereis orando, creed que lo recibiréis, y os vendrá (Marcos 11:22–24).

En este pasaje Cristo ha revelado los pasos para recibir la bendición:

1. No dude en su corazón.
2. Crea que será hecho.
3. Pídalo.
4. Recíbalo.

Pero sobre todo, tenemos que creer. Todos hemos escuchado la conocida frase: "Cuando lo vea, lo creo". Aunque es capciosa, esta frase describe una mentalidad que no tiene lugar en su andar cristiano. Con relación a su fe, creer viene antes de ver.

Por lo tanto, así como Dios mismo llamó a las que no

son como si fueran (Romanos 4:17), nosotros debemos creer lo mismo. Un ejemplo claro, Abraham no tenía hijos y estaba viejo cuando Dios le prometía que sería padre de naciones. A pesar de sus circunstancias, Abraham le creyó al Señor y el Señor se lo contó por justicia (Génesis 15:6).

La Palabra dice que a pesar de su avanzada edad, Abraham "creyó en esperanza contra esperanza, para llegar a ser padre de muchas gentes…plenamente convencido de que [Dios] era también poderoso para hacer todo lo que había prometido" (Romanos 4:18, 21).

Abraham se convirtió en el padre de Isaac porque creyó que Dios actuaría conforme a su promesa; él era fuerte en su fe (Romanos 4:20). Del mismo modo, usted debe creer que Dios cumplirá sus promesas para usted, independientemente de las circunstancias. Las promesas de Dios han quedado establecidas en su Palabra, pero a menos que ejerzamos la justicia de nuestra fe, no tenemos acceso a esas promesas (Romanos 4:13).

AUNQUE DEMORE…SIN DUDAS LLEGARÁ

Aunque Dios consideró justo a Abraham por su fe, la fe de Abraham fue probada. Aunque Abraham recibió y creyó la promesa de un hijo que Dios le había hecho, tuvo que esperar dos décadas para ver su cumplimiento.

No crea que la prueba de su fe es un resultado de su falta de fe (Santiago 1:3-4). Al enemigo le encantaría que usted creyera eso. Tantas veces las personas oran con fe, creyendo, y cuando no reciben pronto lo que están buscando, empiezan a cuestionar su fe.

Así que, cuando Dios le haya dado una promesa, y con fe usted la recibe, incluyo cuando no suceda inmediatamente, la Palabra nos dice: "...aunque tardare, espéralo, porque sin duda vendrá, no tardará". Recuerde: "...mas el justo por su fe vivirá" (Habacuc 2:3-4). Así que si usted está esperando y siente que sus bendiciones demoran, solo espere un poco más. "Aguarda a Jehová; Esfuérzate, y aliéntese tu corazón; Sí, espera a Jehová" (Salmos 27:14).

ⱽ PIENSE ᴇɴ ESTO ⱽ

Las demoras de Dios no son negativas.

EN SU PROPIO TIEMPO

Dios hará las cosas en *su tiempo* y *a su manera*. En el libro de Isaías, el Señor habla estas palabras: "Porque mis pensamientos no son vuestros pensamientos, ni vuestros caminos mis caminos, dijo Jehová. Como son más altos los cielos que la tierra, así son mis caminos más altos que vuestros caminos, y mis pensamientos más que vuestros pensamientos" (55:8-9).

Los hijos de Israel salieron de Egipto en un día pero se necesitaron 40 años para quitar de ellos la incredulidad de Egipto. El faraón no iba a dejar que esta fuerza de trabajo nacional escapara de Egipto. Dios endureció el corazón de Faraón y el faraón persiguió a los hijos de Israel con 600 carros.

A pesar de los milagros de las diez plagas que los hebreos ya habían presenciado, se aterrorizaron cuando vieron los carros egipcios que venían tras ellos (Éxodo 14:19-10).

Moisés, sin embargo, creyendo en la promesa de Dios y sabiendo que sus caminos no son los nuestros, se volvió a los israelitas y dijo: "No temáis; estad firmes, y ved la salvación que Jehová hará hoy con vosotros; porque los egipcios que hoy habéis visto, nunca más para siempre los veréis. Jehová peleará por vosotros, y vosotros estaréis tranquilos" (Éxodo 14:13–14).

Dios escogió dar a los hijos de Israel victoria eterna sobre sus enemigos de una vez y para siempre. Al hacerlo, el Altísimo fue "glorificado en Faraón y en todo su ejército" de manera que los egipcios sabrían que Él es el Señor (Éxodo 14:4).

Si una autoridad espiritual ha pronunciado una bendición profética sobre su vida en base a la Palabra de Dios, y usted la ha recibido con fe, creyendo, no tenga miedo si un día da la vuelta y ve que le vienen problemas encima. Permanezca firme y vea la salvación del Señor.

Confíe en que Él logrará lo que dijo que lograría.

⌄ PIENSE EN ESTO ⌄

El problema que se ve hoy en día que no lo verá más.

Tenga paz y sepa que el Señor peleará por usted. Los caminos del Señor no son nuestros caminos, pero al final, Él le bendecirá de tal manera que sólo Él puede llevarse la gloria, y todos sabrán que es el Señor quien le bendice.

FE EN ACCIÓN

La fe realmente es tan poderosa que tiene la capacidad de hacer que Dios cambie de opinión. En sus escritos la Dra. Lilian B. Yeomans habló de cómo Ezequías lo hizo[1] Ella relató Isaías 38, que nos dice: "En aquellos días Ezequías enfermó de muerte. Y vino a él el profeta Isaías hijo de Amós, y le dijo: Jehová dice así: Ordena tu casa, porque morirás, y no vivirás" (v. 1).

¿Qué haría usted si el Creador de la vida proclamara que su fallecimiento? ¿Se imagina usted escuchar una sentencia de muerte tan certera? La mayoría de las personas comenzaría a escribir sus testamentos y a dictar sus obituarios si Dios mismo dijera que van a morir... pero Ezequías no.

El versículo siguiente dice que "volvió Ezequías su rostro a la pared, e hizo oración a Jehová" (Isaías 38:2). La Dra. Yeomans escribió que, al volver su rostro a la pared, Ezequías se estaba "alejando del hombre, incluso de Isaías, el más grande de los profetas; alejándose de sus propias sensaciones, síntomas y sufrimientos; alejándose de amigos y familiares que le simpatizaban... y solo miró a Dios".[2]

Ezequías no estaba listo para morir. Con fe oró al Señor y el Señor le respondió. Dios estaba tan impresionado con la fe de Ezequías para creer que nada era imposible, que bendijo a Ezequías con quince años más de vida. La Dra. Yeomans lo resume de manera sucinta: "Él [Dios] ha hecho que la fe del hombre sea un factor determinante en la ejecución de los propósitos divinos y el requisito indispensable para que se use así es que volvamos nuestros rostros a la pared y no miremos a nada más que a Dios".[3]

La Dra. Yeomans nos enseña una lección importante: no podemos permitir que las circunstancias que nos rodean influyan sobre nuestra fe. La Biblia nos dice que caminemos por fe, no por vista (2 Corintios 5:7).

Ezequías era un muerto caminando, pero en lugar de enfocarse en su fallecimiento, alejó su rostro de lo que había escuchado y escogió enfocarse solo en Dios. Así que la próxima vez que sus circunstancias no se correspondan con sus expectativas, no se enfoque en la calamidad del momento sino vuelva su rostro a la pared, alejado del mundo, y no mire más nada que a Dios.

En Lucas 17 Jesús pudo ver la fe de los leprosos que habían venido a encontrarse con él. Pero al ver su fe, no los sanó instantáneamente; en cambio, les digo que fueran y se presentaren a los sacerdotes quienes tendrían la última palabra en cuando a sí estaban lo suficientemente limpios y podían reingresar a la sociedad. Al ordenarles que visitaran a los sacerdotes, Cristo les estaba pidiendo que pusieran su fe en acción. Como resultado, el versículo 14 dice que "mientras iban, fueron limpiados".

Una vez más vemos la fe acompañada de la acción cuando Jesús sanó al hombre ciego en el evangelio de Juan. Cristo hizo que el hombre actuara antes de recibir la bendición de la vista. Cristo escupió en el suelo e hizo lodo, luego lo aplicó a los ojos del ciego. Después, Cristo ordenó: "Ve a lavarte en el estanque de Siloé (que traducido es, Enviado). Fue entonces, y se lavó, y regresó viendo" (9:7).

Qué adecuado que el estanque se llamara *Enviado*, porque Cristo literalmente estaba *enviando* al ciego para que se sanara; y al obedecer el llamado de Cristo a la acción, el hombre ciego recibió la vista.

De igual modo, la mujer con el flujo de sangre tuvo fe en que Jesús podía sanarla. Mateo 9 dice que ella "decía dentro de sí: Si tocare solamente su manto, seré salva" (v. 21). Pero no fue hasta combinó su fe con su acción, en este caso abrirse paso en la multitud para tocar el borde del manto de Jesús, que su flujo de sangre cesó de inmediato.

Esta mujer pudo haber sido apedreada hasta la muerte porque estaba clasificada como "impura" y se le prohibía la interacción con la comunidad. Y para empeorar las cosas, ¡había tocado a un rabino! Sus acciones eran más que ofensivas, según la ley; ¡pero estaba cansada de estar enferma! Tuvo fe suficiente como para saber que si tan solo tocaba el borde del manto del Maestro, recibiría su bendición. Cristo confirmó su sanidad al decir: "Ten ánimo, hija; tu fe te ha salvado" (Mateo 9:22).

Romanos 10:17 dice que "que la fe es por el oír, y el oír, por la palabra de Dios". Los creyentes edifican su fe al escuchar las promesas de Dios y leer acerca de los grandes ejemplos de fe que se encuentran en la Palabra. Basta con ir a Hebreos 11 para ver una lista de los héroes de la fe. Desde Abraham, Isaac, y Jacob a Noé y Moisés, la lista sigue y sigue. Pero esta lista de *quién es quién* en la fe no es para nada una lista exhaustiva. Al citar sus nombres, el autor de hebreo añade: "¿Y qué más digo? Porque el tiempo me faltaría contando de...que...alcanzaron buen testimonio mediante la fe" (vv. 32–39).

Me anima ver que esta larga y prestigiosa lista, según el propio autor, está incompleta. Esto me hace saber que en los anales de Dios todavía hay espacio para que gente como usted y como yo ejerzamos nuestra fe, que pongamos nuestra fe en acción y no solo recibamos sus bendiciones sino que además alcancemos un buen testimonio mediante nuestra fe.

El Dios de la Biblia es un Dios de amor, gracia, misericordia, perdón, paz, esperanza, poder creativo y orden divino. Todo lo que Dios ha hecho o hará se completa hasta la perfección: "estando persuadido de esto, que el que comenzó en vosotros la buena obra, la perfeccionará hasta el día de Jesucristo" (Filipenses 1:6).

El sol, la luna y las estrellas se orden con tal orden y precisión divinos que el reloj atómico que se jacta de ser tan exacto que solo falla un segundo cada diez años, lo dirigen las estrellas, ¡la creación de Dios! Además hay orden divino en el asunto de liberar le poder sobrenatural de la bendición profética.

Números 6:27 lo confirma al decir: "Y pondrán [los que tienen autoridad] mi nombre sobre los hijos de Israel, y yo los bendeciré". La palabra "y" deja claro que las instrucciones exactas que Dios acaba de dar en el texto que anterior deben ser cumplidas de manera exacta para que se libere su bendición.

SEIS REQUISITOS BÍBLICOS PARA LIBERAR Y RECIBIR LA BENDICIÓN PROFÉTICA

1. La bendición profética debe ser impartida por una persona con autoridad espiritual.

Debe reiterarse que la bendición le pertenece a Dios. Él instruyó a Aarón y a los sacerdotes para que fueran su autoridad espiritual delegada, ellos eran la tubería a través de la cual fluía la bendición profética.

Habla a Aarón y a sus hijos y diles: Así bendeciréis a los hijos de Israel (Números 6:23).

Aarón era el sumo sacerdote de Israel, y sus hijos eran de la tribu de Leví, quienes constituían los sacerdotes.

Ellos eran la autoridad espiritual en la nación de Israel. Jesucristo perteneció a la tribu de Judá; él no era un levita. De cualquier modo, Cristo se convirtió en nuestro Sumo Sacerdote, como señala Hebreos 7:14–17:

> *Porque manifiesto es que nuestro Señor vino de la tribu de Judá, de la cual nada habló Moisés tocante al sacerdocio. Y esto es aun más manifiesto, si a semejanza de Melquisedec se levanta un sacerdote distinto, no constituido conforme a la ley del mandamiento acerca de la descendencia, sino según el poder de una vida indestructible. Pues se da testimonio de él:*
>
> > *Tú eres sacerdote para siempre,*
> > *Según el orden de Melquisedec.*

La lógica es que los hombres de la tribu de Leví en el Antiguo Testamento eran sacerdotes de nacimiento. El sacerdocio del creyente pasó a Jesucristo mediante su muerte y resurrección en la cruz como "sacerdote para siempre" (Salmos 110:4; Hebreos 7:17).

Cuando una persona se convierte en creyente en Jesucristo, es una "piedra viva", domo dice 1 Pedro 2:5: "vosotros también, como piedras vivas, sed edificados como casa espiritual y sacerdocio santo, para ofrecer sacrificios espirituales aceptables a Dios por medio de Jesucristo".

Cada creyente se convierte en una piedra viva en el momento de su conversión. Somos un sacerdocio santo, y después el apóstol Pedro nos llamó "real sacerdocio" (1 Pedro 2:9). Por lo tanto, los creyentes—hombres y mujeres—, tienen la autoridad espiritual para liberar la bendición de

Dios sobre sus hijos así como de recibir la bendición de su autoridad espiritual.

2. La bendición profética debe darse de pie.

En la Escritura *poner en pie* es una señal de reverencia y respeto. Cada sacerdote se ponía de pie para ministrar a las personas. El pueblo estuvo en pie cuando Salomón dedicó el templo. Jesús está de pie a la diestra de Dios.

En aquel tiempo apartó Jehová la tribu de Leví para que llevase el arca del pacto de Jehová, para que estuviese delante de Jehová para servirle, y para bendecir en su nombre, hasta hoy (Deuteronomio 10:8).

Y volviendo el rey su rostro, bendijo a toda la congregación de Israel; y toda la congregación de Israel estaba en pie (2 Crónicas 6:3).

Y servirán en mi santuario como porteros a las puertas de la casa y sirvientes en la casa; ellos matarán el holocausto y la víctima para el pueblo, y estarán ante él para servirle (Ezequiel 44:11).

Y le dijo [A Moisés] el Señor: "Quita el calzado de tus pies, porque el lugar en que estás es tierra santa" (Hechos 7:33).

Pero Esteban, lleno del Espíritu Santo, puestos los ojos en el cielo, vio la gloria de Dios, y a Jesús que estaba a la diestra de Dios (Hechos 7:55).

En el ejército de los Estados Unidos cuando un oficial entra en la habitación, todos los de rango inferior se levantan al unísono y saludan. He tenido el honor de visitar a muchos primeros ministros de Israel, y cuando entran a una habitación, inmediatamente todo el mundo se levanta y le ofrecen el tributo y honor al puesto más importante en la tierra. Cuando yo leo el texto bíblico antes de predicarle a los miembros de la iglesia Cornerstone, les pido que se pongan en pie para honrar la Palabra de Dios.

Muchos relatos de la Biblia confirman que uno debe ponerse de pie para liberar la bendición profética, como reverencia a Dios, quien es a fin de cuentas quien está otorgando la bendición a sus hijos mediante la Palabra.

3. Cuando la autoridad espiritual delegada está pronunciando la bendición profética sobre alguien, debe hacerlo con manos levantadas.

Después alzó Aarón sus manos hacia el pueblo y lo bendijo; y después de hacer la expiación, el holocausto y el sacrificio de paz, descendió (Levítico 9:22).

Y los sacó [Jesús] fuera hasta Betania, y alzando sus manos, los bendijo (Lucas 24:50).

En el judaísmo las manos alzadas son una muestra física de la bendición, que contiene quince palabras. Cada una de las quince palabras se corresponde a una parte diferente de la mano. La palma de la mano representa la última palabra (*shalom* o *paz*). "La autoridad espiritual que alza su mano con las palmas hacia fuera mientras ora, alude a la paz de Dios sin la cual no puede haber bendición".[4]

4. La bendición profética debe hacerse en el nombre del Señor.

Y pondrán mi nombre sobre los hijos de Israel, y yo los bendeciré (Números 6:27).

Ministrará en el nombre de Jehová su Dios como todos sus hermanos los levitas que estuvieren allí delante de Jehová (Deuteronomio 18:7).

Entonces vendrán los sacerdotes hijos de Leví, porque a ellos escogió Jehová tu Dios para que le sirvan, y para bendecir en el nombre de Jehová (Deuteronomio 21:5).

Y todo lo que hacéis, sea de palabra o de hecho, hacedlo todo en el nombre del Señor Jesús, dando gracias a Dios Padre por medio de él (Colosenses 3:17).

Cuando se invoca la bendición, los *Kohanim* (sacerdotes levíticos) literalmente colocaban sus manos en la frente de la persona que recibe la bendición profética y trazan el nombre hebreo del Señor con la punta de sus dedos.

La receta de Dios para el avivamiento espiritual en Estados Unidos está en 2 Crónicas 7:14: "Si se humillare mi pueblo, sobre el cual *mi nombre* es invocado, y oraren, y buscaren mi rostro, y se convirtieren de sus malos caminos; entonces yo oiré desde los cielos, y perdonaré sus pecados, y sanaré su tierra".

Segundo de Crónicas 6:6 declara: "Mas a Jerusalén he elegido para que en ella esté *mi nombre*...". Fotografías aéreas han confirmado la Palabra de Dios porque han captado un fenómeno: Dios, el gran Yo Soy, cinceló su nombre al formar las montañas alrededor de Jerusalén.

Él [Jesús], respondiendo, les dijo: Os digo que si éstos callaran, las piedras clamarían (Lucas 19:40).

Dios pondrá su nombre en la frente de los 144000 judíos que cubrirán la tierra y anunciarán al mundo que Elías viene y que el Mesías pronto aparecerá. "Después miré, y he aquí el Cordero estaba en pie sobre el monte de Sion, y con él ciento cuarenta y cuatro mil, que tenían el nombre de él y el de su Padre escrito en la frente" (Apocalipsis 14:1).

El nombre de Dios protegerá a los 144000 de las legiones demoníacas antisemíticas que seguirán al anticristo. Satanás, el gran imitador, también pondrá *su* marca en la frente o en la mano derecha de todos los que le sigan (Apocalipsis 13:16–17). La novia de Cristo está en el cielo observando este encuentro global entre los dos reinos (Apocalipsis 4). ¿Dónde estará usted?

5. ¡La bendición profética se concede "cara a cara"!

Y llamó Jacob el nombre de aquel lugar, Peniel; porque dijo: Vi a Dios cara a cara, y fue librada mi alma (Génesis 32:30).

Y hablaba Jehová a Moisés cara a cara, como habla cualquiera a su compañero. Y él volvía al campamento; pero el joven Josué hijo de Nun, su servidor, nunca se apartaba de en medio del tabernáculo (Éxodo 33:11).

Y lo dirán a los habitantes de esta tierra, los cuales han oído que tú, oh Jehová, estabas en medio de este pueblo, que cara a cara aparecías tú, oh Jehová, y que tu nube estaba sobre ellos, y que de día ibas delante de ellos en columna de nube, y de noche en columna de fuego (Números 14:14).

El mandato de Números 6:23 declara: "diles", que significa "mientras una persona habla con su amigo cara a cara".[5] Dios habló con Jacob y Moisés cara a cara. Después de su resurrección Jesús se encontró con sus discípulos varias veces, cara a cara (Lucas 24:36). Alguien que está listo para recibir la bendición profética debe hacerlo con determinación, parado frente a su autoridad espiritual delegada, cara a cara. Cuando nos paremos en el cielo frente al Señor para recibir su bendición: "Bien, buen siervo y fiel", será cara a cara (Mateo 25:23).

6. La bendición profética debe darse con una voz de autoridad que todos puedan escuchar.

Y hablarán los levitas [sacerdotes], y dirán a todo varón de Israel en alta voz (Deuteronomio 27:14).

¡Las proclamaciones divinas no son tímidas! Cuando usted ora, los ángeles escuchan y los demonios tiemblan. Cuando usted hace una proclamación profética, todos los presentes deben poder escucharle. En el judaísmo si un rabino habla tan bajito que los demás no pueden escucharle bien, no se le permite que dé la bendición.[6] Cuando usted hable algo que sea de la Palabra de Dios, sea tan valiente como un león, y hable sin excusa a cualquier con cualquiera sobre los valores clave de su fe.

UNA OCASIÓN PARA BENDECIR

Jesús dijo: "Cualquiera, pues, que me oye estas palabras, y las hace, le compararé a un hombre prudente, que edificó su casa sobre la roca" (Mateo 7:24). En este versículo él hizo una clara distinción entre *escuchar* la Palabra y *hacer* la Palabra.

Aunque es inspirador leer o hablar sobre el poder de la bendición profética, es mejor declararlo sobre su cónyuge, sus hijos, sus nietos y sus amigos creyentes, y es mucho mejor recibir la bendición profética.

Los padres judíos oran la bendición sobre sus hijos cada sábado. La bendición puede ser dada por la madre o el padre en cualquier momento del día. Bendecir a sus hijos cada día antes de salir para la escuela o antes de que se vayan a la cama es un acto del que usted nunca se arrepentirá y una bendición que sus hijos nunca olvidarán.

La otra mañana yo entré silencioso a casa de mi hija Tina y la vi poner sus manos sobre la cabeza de su hija, Micah, antes de irse a una competencia de matemática. La oí pronunciar la bendición profética sobre su hija. Un cuadro todavía más hermoso fue ver a Micah reverentemente de pie delante de su madre, recibiendo deseosa cada palabra que salía de la boca de su autoridad espiritual.

Antes de que mi hija y mi yerno, Sandy y Ryan, se fueran de viaje hace poco, reunieron a sus dos hijas, Olivia y Ellie, para orar una bendición de protección, paz y alegría sobre ellas. Sandy contó que cuando Ryan terminó, Olivia (que tiene cinco años) se echó a llorar. Cuando se le preguntó por qué estaba llorando, respondió: "Papi, tu oración me hizo sentir tan bien. Lloro porque me siento feliz".

Dios es la fuente de toda bendición y ha escogido liberar la bendición profética sobre su vida a través de autoridad espiritual. Dios está listo y dispuesto a abrir las ventanas de los cielos y bendecirle con bendiciones que usted no tiene manera de contener. "Toda buena dádiva y todo don perfecto desciende de lo alto, del Padre de las luces, en el cual no hay mudanza, ni sombra de variación" (Santiago 1:17).

Dios ha hecho su parte, ahora usted tiene que hacer la suya. Si su autoridad espiritual ha proclamado, por inspiración del Espíritu Santo, la bendición profética de que usted será el mejor vendedor de su empresa, ¿es suficiente recibir la bendición y luego simplemente tumbarse en el sofá esperando a que se manifieste? ¡No! Usted debe recibir su bendición profética y actuar, prepararse y luego salir y dar lo mejor de sí para lograr aquellos que se ha hablado sobre su vida. Recuerde esta verdad: "la fe sin obras es muerta" (Santiago 2:20).

Recibir la bendición profética requiere una decisión consciente y acción de su parte. La bendición profética nunca se manifestará en su vida hasta que *usted*, con fe, con alegría, reciba y tome medidas positivas en base a lo que Dios ha ordenado de manera divina.

Si no fuera por el poder de la Palabra de Dios que se habló sobre mi vida hace años a través de su bendición profética, yo nunca habría conocido mi destino divino, que todavía sigue vivo y ardiendo dentro de mí hoy.

Capítulo Once

Proclamar la bendición profética

Mas vosotros sois linaje escogido, real sacerdocio,
nación santa, pueblo adquirido por Dios para
que anunciéis las virtudes de aquel que os
llamó de las tinieblas a su luz admirable.

—1 Pedro 2:9

La frase *proclamar* viene de la frase latina que significa "gritar adelante". Una proclamación bíblica es una declaración oficial de la Palabra de Dios sobre la vida del creyente. Toda proclamación debe estar basada en una o más escrituras que se apliquen a la necesidad específica.

En una ocasión cuando mi querido amigo el rabino Scheinberg y yo hablábamos de la Torá, él describió de manera apasionada su amor por la Palabra: "Yo creo que la Palabra es Dios y Dios es la Palabra. Y creo que el *Shekinah* [el Espíritu Santo] mora entre las letras hebreas de la Palabra escrita, ¡y como las letras saltan hacia arriba, son como lenguas divididas de fuego que dan vida a la Palabra! Creo que la Palabra es dinámica [viva y poderosa], razón por la cual el creyente puede leer un pasaje un día y significar una cosa y leer el mismo versículo otra día, ¡y significar otra!".

⚡PIENSE EN ESTO⚡

Usted no lee la Palabra; la Palabra le lee
a usted y trae respuestas del cielo.

Después de haber definido su circunstancia específica, permita que el Espíritu Santo le revele las escrituras que le darán poder para recibir su bendición. Una vez que las h cado, comience a proclamar las promesas de Dios sobre su vida.

En su boca se activa un milagro por la Palabra viva de Dios. El rey David escribió: "Oh Dios, oye mi oración; Escucha las razones de mi boca" (Salmos 54:2) y "A él clamé con mi boca, Y fue exaltado con mi lengua" (Salmos 66:17).

Pase de leer la Escritura en voz alta a una memorización sistemática de la Palabra. El rey David declaró: "En mi corazón he guardado tus dichos, Para no pecar contra ti" (Salmos 119:11). La frase *en mi corazón he guardado* significa memorizar. La expresión hebrea *aprender de corazón* es *aprender con la boca*.

Los judíos que creen en la Torá comienzan sus oraciones matutinas poniéndose su *tallit* (manto de oración) y amarrando sus tefillin/filacterias (cajitas pequeñas que contienen rollos de pergamino de la Escritura) a su mano izquierda y en la cabeza mientras proclaman la Palabra de Dios. Los escritos contenidos en estas cajitas son Éxodo 13:1-16 y Deuteronomio 6:4-9, 13-21.

Deuteronomio 6:4-9 proclama: "Oye, Israel: Jehová nuestro Dios, Jehová uno es. Y amarás a Jehová tu Dios de todo tu corazón, y de toda tu alma, y con todas tus fuerzas. Y estas palabras que yo te mando hoy, estarán sobre tu corazón; y las repetirás a tus hijos, y hablarás de ellas estando en tu casa, y andando por el camino, y al acostarte, y cuando te levantes. Y las atarás como una señal en tu mano, y estarán como frontales entre tus ojos; y las escribirás en los postes de tu casa, y en tus puertas".

Algunos sabios judíos creen que "ponerse el tefillin es un mandamiento que hasta Dios guarda".[1] ¡Imagínese! Jesús, un rabino que vivió según la ley de Moisés, se puso su manto de oración y su tefillin en la mano y la cabeza cada mañana antes de orar mientras citaba al profeta Oseas: "Y te desposaré conmigo para siempre; te desposaré conmigo en justicia, juicio, benignidad y misericordia. Y te desposaré conmigo en fidelidad, y conocerás a Jehová" (2:19-20).

Si el Hijo de Dios consideraba que proclamar la Palabra era crucial en su ministerio cotidiano, ¿cuánto más deberíamos hacerlo nosotros?

YO REDIMIRÉ

Por tanto, dirás a los hijos de Israel: Yo soy JEHOVÁ; y yo os sacaré de debajo de las tareas pesadas de Egipto, y os libraré de su servidumbre, y os redimiré con brazo extendido (Éxodo 6:6).

En el 2008 me ingresaron en el hospital para una cirugía de un baipás cuádruple. El día de la operación el hospital, con gentileza, habilitó una habitación grande para las personas que vinieron de todas partes de los Estados Unidos para leer la Palabra de Dios en oración en voz alta durante las seis horas de mi cirugía. Soy un firme creyente en que cuando la Palabra de Dios se lee de forma audible, los poderes y principados de la oscuridad quedan atados y derrotados.

Mientras el equipo quirúrgico empujaba la camilla hacia mi habitación, yo proclamaba el Salmo 91. Estaba saturando mi mente, cuerpo y espíritu con la Palabra de Dios, declarando los tres últimos versículos de este salmo:

"Yo lo libraré, porque él se acoge a mí;
lo protegeré, porque reconoce mi nombre.
Él me invocará, y yo le responderé;
estaré con él en momentos de angustia;
lo libraré y lo llenaré de honores.
Lo colmaré con muchos años de vida
y le haré gozar de mi salvación" (vv. 14–16, NVI).

Me subí a la camilla, les di un beso a Diana y a mis hijos antes de que me llevaran a la cirugía.

Recuerdo que le dije a Diana: "No quiero que hagas una fiesta ahí, ¡quiero oración!". Diana me prometió que me cubrirían en oración todo el tiempo mientras estaba en la cirugía. Enseguida regresó a la habitación donde la gente se había reunido, se sentó en la cabeza de la mesa, donde estaba rodeada por cerca de 20 guerreros de oración. Diana comenzó leyendo el Salmo 1: "Bienaventurado el varó..." Cuando terminó, la persona siguiente empezó a leer el próximo salmo. Aunque los minutos avanzaban lentamente, mis guerreros de oración nunca dejaron que pasara un minuto sin proclamar la Palabra. Salmo tras salmo, se leyó cada versículo.

Después de llevar varias horas en la cirugía, el rabino Scheinberg se unió al grupo y buscó un lugar al azar en el círculo. Cuando le tocó proclamar la Palabra, el próximo salmo a leer era...¿está listo? ¡El Salmo 91! Empezó en el versículo uno y mientras leía los tres últimos versículos (vv. 14–16), el cirujano llamó para decir que la cirugía había terminado y que yo estaba muy bien.

En la vida del creyente no hay casualidades. El tiempo de Dios siempre es perfecto. Él permitió que se leyera el capítulo y versículo exacto *en mi entrada y mi salida* (Salmos 121:8) como una señal del cielo de que él tenía el control total de mi vida. Fue la manera de Dios de asegurarnos a mí y a mis seres queridos que él todavía no había terminado conmigo. Le doy gracias a Dios por el poder de la bendición profética cada día de mi vida!

Ahora es su oportunidad de recibir y proclamar lo que Dios ha ordenado para usted.

PROCLAMACIONES

Es mi deseo equiparle para declarar la Palabra de Dios sobre su vida y las vidas de sus seres queridos. Hable la Palabra de Dios sobre sus hijos y nietos, sobre su cónyuge, sobre su negocio; declare sus promesas sobre alguien que esté enfermo y que necesita sanidad divina, alguien que esté pasando por una gran prueba personal, alguien que esté en necesidad desesperada de estabilidad emocional, alguien que quiera atacar su carencia y descubrir la prosperidad de Dios, alguien que desee el favor de Dios.

Le ofrezco las siguientes proclamaciones que le ayudarán a comenzar una vida emocionante libre de preocupaciones. Dios quiere que usted tenga una paz que sobrepasa el entendimiento, un gozo que es indescriptible y un amor que es abundante, rico y puro, ¡Él quiere que usted viva una buena vida!

Proclamación sobre sus hijos y nietos

Padre celestial, Dios de Abraham, Isaac, y Jacob, pongo mis manos sobre la cabeza de mi hijo _____ como hizo Jesús en su ministerio terrenal.

Que él/ella te conozca temprano en su vida. Que aprenda a escuchar tu voz y obedecer tus mandamientos.

Te pido, Señor Dios, que bendigas a mi hijo/hija en su entrada y su salida. Que envíes tus ángeles delante de mi hijo/hija para preparar su camino, para protegerle de todo mal y peligro, para que seas su retaguardia.

Dale amigos piadosos y prepara el cónyuge que tienes para él/ella quien amará a mi hijo/hija con un amor que solo tú superas.

Dale a _____ la bendición de Abraham para que seas su porción. Que él/ella prospere y le vaya bien; que todo lo que toque sea bendecido por Dios.

Bendice su corazón, alma, mente y cuerpo para que estén consagrados a los propósitos de Dios. Que la gracia y paz de Dios descansen sobre _____ ahora y para siempre. En el nombre de Jesús, ¡amén!

Proclamación sobre su esposa

Padre celestial, Dios de Abraham, Isaac, y Jacob, como sacerdote de mi casa, pongo mis manos sobre la cabeza mi esposa _____ y proclamo esta bendición.

Permite que su vida sea como la de Ruth, bendecida y altamente favorecida en todas las cosas. Concédele los deseos de su corazón y bendice ricamente todo aquello en lo que ella ponga su mano.

Ella es más valiosa que rubíes; su presencia trae la luz de Dios a nuestro hogar. _____ está vestida de fuerza y honor, ella habla con sabiduría y la ley del amor rige sus palabras. Dale a mi esposa _____ la recompensa que se ha ganado y permite que sus obras le alaben en las bocas de nuestra familia y amigos.

En el nombre de Jesús proclamo y libero esta bendición sobre mi preciosa esposa _____. ¡Amén!

Proclamación sobre su negocio

Padre celestial, Dios de Abraham, de Isaac y de Jacob, proclamo hoy que este negocio es tu negocio, porque todo don bueno y perfecto viene de Dios, nuestro Padre celestial. Te pido, como lo hizo Jabes: "¡Oh, si me dieras bendición, y ensancharas mi territorio, y si tu mano estuviera conmigo, y me libraras de mal, para que no me dañe! Y le otorgó Dios lo que pidió" (1 Crónicas 4:10).

Yo confieso con mi boca que es el Señor el que da me poder para hacer las riquezas. Es el Señor quien abre las ventanas de los cielos para enviar bendiciones para mí más que suficientes de lo que yo pueda pedir o imaginar. Es el Señor quien se complace en la prosperidad de los justos.

Por lo tanto, Señor Dios, abre las ventanas del cielo y bendice nuestro negocio para que tu nombre sea glorificado y todas mis necesidades serán satisfechas. En el nombre de Jesús, ¡Amén!

Proclamación de salud y sanidad

Padre celestial, Dios de Abraham, Isaac, y Jacob, pongo el aceite de la unción (Santiago 5:14) en la cabeza de _____ creyendo que tú eres el Dios que sana todos nuestros dolores y enfermedades.

Que las manos de los médicos terrenales sean guiadas por las manos del Gran Médico. [Para usar con alguien que está en el hospital en espera de cirugía.]

Señor, en tu ministerio terrenal tú fuiste un sanador milagroso. La Palabra de Dios declara que Jesucristo es el mismo ayer, hoy y por los siglos. Lo que tú hiciste en las costas de Galilea, lo puedes hacer hoy.

Tu Palabra declara: "Pero los que esperan a Jehová tendrán nuevas fuerzas; levantarán alas como las águilas; correrán, y no se cansarán; caminarán, y no se fatigarán" (Isaías 40:31).

Tu Palabra declara por boca del rey David: "Envió su palabra, y los sanó" (Salmos 107:20).

Señor Dios, en la autoridad de tu nombre, recibimos salud y sanidad hoy para _____. En el nombre de Jesús, ¡amén!

Proclamación en un tiempo de prueba

Padre celestial, Dios de Abraham, Isaac, y Jacob, venimos delante de ti hoy a nombre de _____ quien está pasando un tiempo de prueba.

Proclamamos las palabras de San Pablo quien dijo: "Mas gracias sean dadas a Dios, que nos da la victoria por medio de nuestro Señor Jesucristo. Así que, hermanos míos amados, estad firmes y constantes, creciendo en la obra del Señor siempre, sabiendo que vuestro trabajo en el Señor no es en vano" (1 Corintios 15:57–58).

Proclamamos las palabras de San Pedro: "Bendito el Dios y Padre de nuestro Señor Jesucristo, que según su grande misericordia nos hizo renacer para una esperanza viva, por la resurrección de Jesucristo de los muertos...En lo cual vosotros os alegráis, aunque ahora por un poco de tiempo, si es necesario, tengáis que ser afligidos en diversas pruebas, para que sometida a prueba vuestra fe, mucho más preciosa que el oro, el cual aunque perecedero se prueba con fuego, sea hallada en alabanza, gloria y honra cuando sea manifestado Jesucristo, a quien amáis sin haberle visto, en quien creyendo, aunque ahora no lo veáis, os alegráis con gozo inefable y glorioso" (1 Pedro 1:3, 6–8). Recibimos gracia y paz para _____ sabiendo que las misericordias de Dios son para siempre. Amén.

Proclamación para estabilidad emocional

Padre celestial, Dios de Abraham, Isaac, y Jacob, venimos delante de ti a pedirte por _____ para que le concedas a tu siervo/a gracia y paz.

Jesús dijo, y nosotros proclamamos: *"Venid a mí todos los que estáis trabajados y cargados, y yo os haré descansar. Llevad mi yugo sobre vosotros, y aprended de mí, que soy manso y humilde de corazón; y hallaréis descanso para vuestras almas; porque mi yugo es fácil, y ligera mi carga"* (Mateo 11:28–30).

Nosotros proclamamos: *"La paz os dejo, mi paz os doy; yo no os la doy como el mundo la da. No se turbe vuestro corazón, ni tenga miedo"* (Juan 14:27).

"Tú guardarás en completa paz a aquel cuyo pensamiento en ti persevera; porque en ti ha confiado" (Isaías 26:3).

"Porque no nos ha dado Dios espíritu de cobardía, sino de poder, de amor y de dominio propio" (2 Timoteo 1:7).

"Y el Dios de esperanza os llene de todo gozo y paz en el creer, para que abundéis en esperanza por el poder del Espíritu Santo" (Romanos 15:13).

"Y la paz de Dios, que sobrepasa todo entendimiento, guardará vuestros corazones y vuestros pensamientos en Cristo Jesús. Por lo demás, hermanos, todo lo que es verdadero, todo lo honesto, todo lo justo, todo lo puro, todo lo amable, todo lo que es de buen nombre; si hay virtud alguna, si algo digno de alabanza, en esto pensad" (Filipenses 4:7–8).

Por lo tanto, que la paz de Dios que sobrepasa todo entendimiento sea la porción de _____ en el poderoso nombre de Jesús. Amén.

Proclamación por el favor de Dios

Padre Celestial, Dios de Abraham, Isaac y Jacob, me presento ante ti como tu hijo buscando tu favor divino.

Señor Dios, tu favor rodea a los justos. Creyendo en fe, recibo el favor de Dios ahora en todas las dimensiones de mi vida. Que el favor de Dios descanse sobre cada miembro de mi familia. Que tu favor descanse sobre nuestra salud, nuestras finanzas y nuestras relaciones.

Señor Dios, desde hoy en adelante voy a recibir el favor ilimitado de Dios: un aumento sobrenatural, promoción, restauración, honor, victorias espirituales, peticiones concedidas, y batallas ganadas que no tengo que pelear. El favor de Dios está sobre mí, va delante de mí, y por lo tanto, mi vida nunca volverá a ser la misma. En el nombre de Jesús, ¡Amén!

Proclamación de prosperidad divina

Padre Celestial, Dios de Abraham, Isaac y Jacob, vengo a ti hoy como tu siervo que cree confía y depende del Señor y cuya esperanza y confianza es el Señor (Jeremías 17:7).

Proclamo hoy las palabras del rey David: "Deléitate asimismo en Jehová, Y él te concederá las peticiones de tu corazón" (Salmos 37:4).

"Porque sol y escudo es Jehová Dios; Gracia y gloria dará Jehová. No quitará el bien a los que andan en integridad" (Salmos 84:11).

"Mi Dios, pues, suplirá todo lo que os falta conforme a sus riquezas en gloria en Cristo Jesús" (Filipenses 4:19).

Proclamo la Palabra del Señor: "Amado, yo deseo que tú seas prosperado en todas las cosas, y que tengas salud, así como prospera tu alma" (3 Juan 2).

Hoy me deleito en ti, Señor, quien me da los deseos y las peticiones secretas de mi corazón. Como mi Padre celestial, tú sabes lo que necesito antes de que te lo pida y generosamente me provees para cada necesidad según tus riquezas en gloria en Cristo Jesús. Al dedicar mi corazón y mi alma a buscarte, prosperaré en toda manera, así como prospera mi alma.

Cuando te honro a ti, Padre Dios, con un diez por ciento de mis ingresos, y es diezmo se da como primeros frutos, tú abrirás las ventanas del cielo y derramarás bendiciones abundantes. Gracias, Padre, por tus bendiciones y tu favor, sabiendo que toda buena dádiva y todo don perfecto vienen de ti. ¡Amén!

Es hora de liberar el poder de la bendición profética. Prepárese al buscar al Señor en oración. Luego, de pie, extienda sus manos hacia su ser querido, y repita la bendición sacerdotal sobre él o ella. Ahora continúe proclamando en voz alta la bendición profética dirigida por el Espíritu Santo sobre la vida de su ser querido.

"QUE EL SEÑOR TE BENDIGA Y TE GUARDE…"

El poder y la majestuosidad de las bendiciones proféticas de Dios para su pueblo le han sido reveladas. Dios bendijo a Abraham, Isaac, Jacob y a los doce hijos de Jacob, quienes le sirvieron con sus corazones y vidas en el Antiguo Testamento a través del cumplimiento de la bendición profética que recibieron.

Jesucristo bendijo a sus seguidores en el Nuevo Testamento con ocho bendiciones proféticas impartida en la ladera de una montaña en Galilea, lo que transformó sus vidas y trazó el plan para el futuro del cristianismo. Ahora Dios quiere bendecirle a usted a medida que usted compromete su corazón y su vida en plena rendición para hacer su voluntad.

Usted ha descubierto la *ruach* que se encuentra primero en el libro de Génesis cuando Dios la reveló mediante la creación, mediante los profetas y luego mediante la bendición profética que se relata en la vida y ministerio de Jesucristo.

Cuando usted proclama la Palabra de Dios a su familia, esta transforma su vida y las vidas de los miembros de su familia. Usted ha sido liberado para recibir la bendición profética en su vida personal.

Pero, ¿y qué del hombre o la mujer que nunca ha sido bendecido por su autoridad espiritual? Tal vez sus padres se fueron a la gloria antes de descubrir la bendición profética. Tal vez sus padres no tienen relación con el Señor. Tal vez su pastor no enseña o no cree en el poder de la bendición profética. ¿Y entonces? ¿Todavía puede usted recibir la bendición profética? ¡La respuesta es un sí rotundo!

Piense en Jacob quien luchó con Dios, él deseaba apasionadamente la bendición de Dios: "Y Jacob le respondió: No te dejaré, si no me bendices" (Génesis 32:26).

Jacob, "el que toma por el calcañar", no dejaría ir a Dios hasta que lo bendijera y transformara su destino divino como "Israel": "Y el varón le dijo: No se dirá más tu nombre Jacob, sino Israel; porque has luchado con Dios y con los hombres, y has vencido" (v. 28).

Si Jacob no hubiera luchado con Dios y no hubiera insistido en recibir su bendición, su nombre no hubiera sido cambiado a Israel y hubiera denegado su destino. Es en la *lucha* que ocurre la transformación.

Usted también puede prevalecer en sus luchas al recibir la bendición profética del trono de Dios, porque él "os llamó de las tinieblas a su luz admirable" (1 Pedro 2:9).

Termino este libro con la siguiente bendición, que le permitirá escuchar lo que Dios su Padre y Jesús su Sumo Sacerdote desean para su vida mediante la Palabra. Le pido que reciba la bendición profética con fe, ¡creyendo! Este acto de obediencia puede cambiar el curso de su vida mientras usted comienza su jornada hacia su destino divino:

Padre celestial, en el nombre de Jesucristo nuestro Sumo Sacerdote, vengo delante de tu trono hoy, y pronuncio esta bendición: Que el Señor le bendiga y le guarde; y que el Señor haga brillar sobre usted su rostro; que el Señor sea bueno con usted y le dé su paz.

Señor Dios, te pido en el nombre que es sobre todo nombre, que abras las ventanas del cielo y derrames provisión divina sobre cada uno de tus hijos.

Padre celestial, en este tiempo de crisis económica, permite que los que escuchen esta bendición reciban lo mejor en los peores tiempos de parte de Jehová Jiré, el Señor nuestro Proveedor. Proclamo y libero salud y sanidad para cada cuerpo físico. Me opongo a toda forma de enfermedad; contra toda forma de dolencia y afección; contra toda dolencia física, en el nombre de Jesucristo, y declaro que las enfermedades y dolores son malditas y que la bendición de salud divina fluye libremente en sus vidas como ríos de agua viva.

Señor, declaro paz a cada vida que está en tormenta, porque tu nombre es Jehová Shalom, el Señor nuestra Paz. Te alabo, Padre, porque el enemigo ha sido derrotado y la paz de Dios que sobrepasa todo entendimiento ahora ha sanado a todo corazón roto. Toda pena es levantada ahora mismo; toda carga y yugo se destruyen por tu mano derecha. Señor, nuestro Dios, tú eres nuestro gozo en la mañana.

Tú, Señor, eres nuestra fortaleza, nuestra torre fuerte, nuestro escudo y nuestra coraza, un refugio en tiempo de tormenta. Tú eres nuestra canción; tú eres nuestra justicia; tú eres nuestro Pastor y Gran Médico, y el Dador de la vida. Enaltecemos tu nombre santo.

Que el poder de esta bendición profética descanse sobre usted y en usted, y que sea impartida por usted mientras proclama la Palabra de Dios en la autoridad del nombre de Jesús.

Y pondrán mi nombre sobre los hijos de Israel, y yo los bendeciré (Números 6:27).

Notas

CAPÍTULO 1: EL PODER DE LA BENDICIÓN PROFÉTICA

1. Dan Senor y Saul Singer, *Startup Nation: The Story of Israel's Economic Miracle*, Twelve/Hachette Book Group, New York, 2009, 13-15.

2. David Brooks, "The Tel Aviv Cluster," *New York Times*, 11 de enero, 2010; http://www.nytimes.com/2010/01/12/opinion/12brooks.html.

CAPÍTULO 2: USTED NACIÓ PARA RECIBIR BENDICIÓN

1. Tim Hegg, "The Priestly Blessing" [La bendición sacerdotal], Nisan 4, 5761, *Bikurie Zion* 2001; http://www.torahresource.com/EnglishArticles/Aaronic%20Ben.pdf. Todos los derechos reservados.

2. Rabbi Avie Gold, ArtScroll Mesorah Series, *Bircas Kohanim*, Mesorah Publications, Brooklyn, NY, julio de 1986, 763.

3. Hegg, *The Priestly Blessing*.

4. Ibíd.

5. Ibíd.

6. Ibíd.

7. Ibíd.

8. Gold, *Bircas Kohanim*, 765.

9. Hegg, *The Priestly Blessing.*

10. Larry Finn, "The Blessing of the Jewish Priest" [La bendición del sacerdote judío], *The Jewish Magazine*, agosto de 2007; http://www.jewishmag.com/116mag/cohen/cohen.htm.

11. Ibíd.

12. Hegg, "The Priestly Blessing."

13. Adaptado de Tim Hegg, "The Priestly Blessing."

CAPÍTULO 3: LA BENDICIÓN DEL GÉNESIS

1. Rabbi Meir Zlotowitz, *Bereishis*, Genesis Section 1, ArtScroll Series, Mesorah Publications, Brooklyn, NY, 1988, 2.

2. Oral Roberts, *The Fourth Man and Other Famous Sermons*, Healing Waters, Inc., Tulsa, OK, 1953, 20.

3. Comentario Bíblico de Matthew Henry: Obra completa sin abreviar, Zondervan, 2007.

4. Rabbi Meir Zlotowitz and Rabbi Nosson Scherman, gen. eds., *The Chumash*, The Stone Edition, ArtScroll Series, Mesorah Publications, enero de 2001, Brooklyn, NY, 73.

5. "Abortion Statistics," *National Right to Life* (1973–2010); http://www.nrlc.org/factsheets/fs03_abortionintheus.pdf.

6. *Prophecy Study Bible*, John C. Hagee, gen. ed., Thomas Nelson Publishers, 1997, Nashville, TN, 7.

CAPÍTULO 4: LA BENDICIÓN ABRAHÁMICA

1. "Israel, A Nation of Miracles," *The Herald of Christ's Kingdom*; http://www.heraldmag.org/olb/contents/doctrine/israel%20a%20nation%20of%20miracles.htm.

2. Ibíd.

3. Ibíd.

4. Ibíd.

5. Ibíd.

6. Ibíd.

CAPÍTULO 5: ¿BENDECIR O NO BENDECIR?

1. Estos libros que yo escribí incluyen: *Principio del fin* (Grupo Nelson, 1996, Nashville, TN); *Battle for Jerusalem,* (Thomas Nelson, Nashville, TN, 2003); *Cuenta regresiva a Jerusalén* (Casa Creación, Lake Mary, FL, 2006); *En defensa de Israel* (Casa Creación, Lake Mary, FL, 2007).

2. Adaptado de varias enseñanzas por el pastor John Hagee que se incluyeron en el libro *En defensa de Israel*.

3. "At Least Killed on Gaza Flotilla," *Daily Alert,* 31 de mayo de 2010; http://youtu.be/Q8pDfH7b0Gs.

4. Ibíd.

5. "Righteous Among the Nations" [Justo entre las naciones], *Encyclopedia Judaica;* también disponible en línea en *Jewish Virtual Library*: http://www.jewishvirtuallibrary.org/jsource/judaica/ejud_0002_0017_0_16756.html.

6. Ibíd.

7. *The Oskar Schindler Story* [La historia de Oskar Schindler]; www.oskarschindler.com.

8. "Righteous Among the Nations," *Encyclopedia Judaica*.

9. Ibíd.

10. Corrie ten Boom, *El refugio secreto,* Zondervan, Grand Rapids, MI, 1973.

11. Righteous Among the Nations," *Encyclopedia Judaica*.

12. Ibíd.

13. Ibíd.

14. Ibíd.

15. Ibíd.

16. Ibíd.

17. Hagee, *En defensa de Israel*.

18. Ibíd.

19. Lt. Col. (ret.) Jonathan D. Halevi, "Al-Qaeda: The Next Goal Is to Liberate Spain from the Infidels" [Al-Qaeda: La próxima meta es liberar a España de los infieles], *Jerusalem Center for Public Affairs*, vol.7, no.16, 11 de octubre de 2007.

20. Derek Prince, *Promised Land* (Baker Books, Grand Rapids, MI, 2005), 43.

21. John Hagee, AIPAC National Policy Conference, 11 de marzo, 2007.

22. Michael Birnbaum, "European Debt Crisis: Greek Bailout Talks are Complicated by Looming Deadline," *The Washington Post*, 15 de febrero de 2012.

23. Halevi, "Al-Qaeda: The Next Goal Is to Liberate Spain from the Infidels."

24. Heather Horn, "Germany's New Old Problem: The Rise of Neo-Nazi Violence," *The Atlantic*, 15 de noviembre de 2007.

25. Steven L. Pease, *The Golden Age of Jewish Achievement* (Queensland, Australia: Deucalion, 2009), 238.

26. Israel Peri-Urban Agriculture; www.cityfarmer.org/israelperiurban.html.

27. Pease, *The Golden Age of Jewish Achievement*, ix.

28. Nadav Shemer, "Israeli Cows Outperform Their Foreign Counterparts," *The Jerusalem*, June 7, 2011.

29. Haaretz, "Fewer Farmers—More Produce," www.Haaretz.com/themarker/business-in-brief-1.318542.

30. Derek Prince, *Our Debt to Israel* (Derek Prince Ministries International, 1984), 7.

31. Adaptado de hechos reales que se relatan en el libro de Hagee, *En defensa de Israel*.

CAPÍTULO 6: LAS BENDICIONES CUMPLIDAS

1. John Phillips, *Exploring Genesis: An Expository Commentary*, Kregel Publications, Grand Rapids, MI, 1980, 362.

2. Ibíd., 362-364.

3. Ibíd.

4. Arthur A. Pink, *Gleanings in Genesis*, Moody Press, 1922, Chicago, 324.

5. J. Vernon McGee, *Thru the Bible*, Volume 1: Genesis through Deuteronomy (Thomas Nelson Publishers, Nashville, TN, 1981), 193-194.

6. Pink, *Gleanings in Genesis*, 327.

7. Ibíd., 328.

8. Ibíd., 330-331.

9. Ibíd.

10. Ibíd., 335.

11. Ethan Bronner, "Gas Field Confirmed Off Coast of Israel," *The New York Times*, 30 de diciembre de 2010; http://www.nytimes.com/2010/12/31/world/middleeast/31leviathan.html.

12. Phillips, *Exploring Genesis*, 370.

13. John Hagee, *En defensa de Israel* (Casa Creación, Lake Mary, FL, 2007.

14. Rabbi Nosson Scherman and Rabbi Meir Ziotowitz, gen. eds., *The Chumash*, The Stone Edition, ArtScroll Series (Mesorah Publications, Brooklyn, NY, 1993, 283.

15. Derek Prince, *El intercambio divino* (Spanish House, 2008), 5.

CAPÍTULO 7: LAS OCHO BENDICIONES PROFÉTICAS DE JESÚS

1. Patsy Clairmont, *God Uses Cracked Pots* (Focus on the Family, Colorado Springs, CO, 1991).

2. "Record percentage of U.S. children born out of wedlock," *EWTN News*, April 11, 2010; http://www.ewtnnews.com/catholic-news/US.php?id=358.

3. "Consequences of father absence," *Fathers For Life*; http://fathersforlife.org/divorce/chldrndiv.htm.

4. "Statistics on Teenage Drug Use," *Teen Drug Abuse*; http://www.teendrugabuse.us/teen_drug_use.html.

5. Informe del Centro Nacional de Seguridad en las Escuelas (incluye muertes violentas relacionadas con la escuela, en propiedad pública o privada, de kindergarten hasta 12 grado). http://www.schoolsafety.us/media-resources/school-associated-violent-deaths.

6. John Thomas Didymus, "Wicca is America's fastest growing religion, says Witch School"; http://digitaljournal.com/article/313379.

7. "Pagan stone circle built at US Air Force training academy," *The Telegraph*, November 28, 2011; http://www.telegraph.co.uk/news/newstopics/howaboutthat/8920124/Pagan-stone-circle-built-at-USAir-Force-training-academy.html.

8. Matt Clarke, "Celebrity Justice: Prison Lifestyles of the Rich and Famous," *Prison Legal News*; https://www.prisonlegalnews.org/(S(myhtoimek3qnv445vssf5xb0))/displayArticle.aspx?articleid=22532&AspxAutoDetectCookieSupport=1.

9. Adam Nagourney, "Court Strikes Down Ban on Gay Marriage in California," *New York Times*, 7 de febrero de 2012; http://www.nytimes.com/2012/02/08/us/marriage-ban-violates-constitution-court-rules.html.

10. Theodore Roosevelt, "The Strenuous Life," discurso en el Hamilton Club, Chicago, IL, 10 de abril de 1899; http://www.bartleby.com/58/1.html.

11. Winston Churchill, "Blood, Toil, Tears, and Sweat," discurso en la Cámara de los Comunes, Londres, 13 de mayo de 1940; http://www.winstonchurchill.org/learn/speeches-of-winston-churchill/1940-finest-hour/92-blood-toil-tears-and-sweat.

CAPÍTULO 8: LIBERAR LA BENDICIÓN PROFÉTICA PROCLAMANDO LA PALABRA

1. Oscar Hammerstein, "A Bell Is No Bell," letra de *The Sound of Music*, en *The Complete Lyrics of Oscar Hammerstein II*, ed. Amy Asch (Knopf, New York, 2008), 396.

2. "The Power of Speech," Judaism 101, www.jewfaq.org/speech.htm.

3. Cardinal Richelieu, *Testament Politique*, http://quotes.yourdictionary.com/sword.

4. Robyn Freedman Spizman, *Chief Joseph, When Words Matter Most*, (Crown Publishers, New York, 1996), 67.

5. E. C. McKenzie, *Mac's Giant Book of Quips and Quotes* (Harvest House Publishers, Eugene, OR, 1980), 562.

6. Ibíd.

7. John Phillips, *Exploring Genesis: An Expository Commentary* (Kregel Publishers, Grand Rapids, MI , 2001), 40.

8. Ibíd.

9. Wilbur M. Smith, *Therefore Stand* (Baker Book House, Grand Rapids, MI, 1976), como lo cita John Phillips en *Exploring Genesis*, 42.

10. Ibíd., 43.

11. Derek Prince, *The Power of Proclamation* (Derek Prince Ministries-International, Charlotte, NC, 2002), 11.

12. Ibíd., 14.

13. Ibíd., 11.

14. Reverend William Bythel Hagee, Oración de dedicación por el pastor John Hagee, 4 de octubre de 1987.

15. Adaptado de una historia personal escrita en el libro de John y Diana Hagee, *Lo que todo hombre desea de una mujer; Lo que toda mujer desea de un hombre* (Casa Creación, Lake Mary, FL, 2005), 50–51.

CAPÍTULO 9: LIBERAR LA BENDICIÓN PROFÉTICA MEDIANTE EL CONTACTO FÍSICO

1. "He Touched Me," letra y música de Bill Gaither, copyright © 1964 by William J. Gaither. Todos los derechos reservados.

2. Tiffany Field, *Touch* (MIT Press, Cambridge, MA, 2003), 17.

3. Mic Hunter y Jim Struve, *The Ethical Use of Touch in Psychotherapy* (Sage Publications, Thousand Oaks, CA, 1998), 13.

4. Ibíd.

5. Ibíd., 14.

6. Ibíd.

7. Ibíd.

8. Ibíd.

9. Gary Smalley y John Trent, *La bendición* (Grupo Nelson, 2011), 45.

10. Ibíd.

11. John D. Garr, *Blessings for Family and Friends* (Golden Key Press, Atlanta, GA, 2009), 30.

12. Field, *Touch*, 29.

13. Ibíd., 30.

14. Garr, *Blessings for Family and Friends*, 14.

15. Thayer and Smith, *The New Testament Greek Lexicon,* "Ektrepho," dominio público.

16. Field, *Touch*, 62.

17. Ibíd., 63.

18. Ibíd.

19. Ibíd.

20. Ibíd., 60.

21. Kathleen Keating, *The Hug Therapy Book* (CompCare Publications, Minneapolis, MN, 1983), 340–341.

CAPÍTULO 10: RECIBIR LA BENDICIÓN PROFÉTICA

1. Lillian B. Yeomans, *His Healing Power: Four Classic Books on Healing Complete in One Volume* (Harrison House, Tulsa, OK, 2003), 157.

2. Ibíd., 157–158.

3. Ibíd., 161.

4. Tim Hegg, "The Priestly Blessing," Nisan 4, 5761, *Bikurie Zion,* 2001; http://www.torahresource.com/EnglishArticles/Aaronic%20Ben.pdf. Todos los derechos reservados.

5. Ibíd.

6. Ibíd.

CAPÍTULO 11: PROCLAMAR LA BENDICIÓN PROFÉTICA

1. George Robinson, *Essential Judaism* (Pocket Books, New York, 2000), 26.

John Hagee es el autor de cuatro éxitos de venta del *New York Times*, además de *Cuenta regresiva a Jerusalén*, que vendió más de un millón de ejemplares. Es el pastor fundador y principal de la Iglesia Cornerstone en San Antonio, Texas, una iglesia evangélica interdenominacional con más de 20 000 miembros activos. También es el fundador y presidente de Ministerios John Hagee, que transmite sus enseñanzas por radio y televisión en todos los Estados Unidos y en 249 naciones en todo el mundo. Hagee es el fundador y presidente nacional de Cristianos Unidos por Israel, una organización de base nacional con más de un millón de miembros hasta la fecha.